*How to Read a Book:*

*A Close Reading Guide for Kids*

# 这样读透一本书

## 给孩子的文学精读课

郭初阳 著

人民文学出版社

图书在版编目（CIP）数据

这样读透一本书：给孩子的文学精读课/郭初阳著.—北京：人民文学出版社，2023

ISBN 978-7-02-017837-7

Ⅰ.①这… Ⅱ.①郭… Ⅲ.①阅读课—中小学—教学参考资料 Ⅳ.①G634.333

中国国家版本馆CIP数据核字(2023)第040410号

策划编辑　脚　印
责任编辑　张梦瑶
装帧设计　李思安
责任印制　张　娜

出版发行　人民文学出版社
社　　址　北京市朝内大街166号
邮政编码　100705

印　　刷　三河市博文印刷有限公司
经　　销　全国新华书店等

字　　数　157千字
开　　本　850毫米×1168毫米　1/32
印　　张　7.625　插页5
印　　数　1—10000
版　　次　2023年5月北京第1版
印　　次　2023年5月第1次印刷

书　　号　978-7-02-017837-7
定　　价　39.00元

如有印装质量问题,请与本社图书销售中心调换。电话:010-65233595

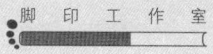

## 一 读书三问

为什么要读书？ /2

如何学好语文？ /4

怎样找到好书？ /6

## 二 书单三页

福楼拜的书单 /14

朱光潜的书单 /18

适合中学生的一份极简书单 /20

## 三 精读的几种方法

一字不漏法 /26

两遍法 /28

四天廿二遍法 /30

八面受敌法 /32

熟读成诵法 /34

卡片法 /36

## 四 不会写？找到这几本书就有了良师

《成为作家》/40

《小论文写作七堂必修课》/42

《非虚构的艺术》/44

# 五 《动物农场》精读示例

**作品与作家** /48

**角色表** /52

**中英文"七戒"** /53

**情节大略** /54

**教学简案** /58

**写作课《我的自白》简案** /61

**课堂一瞥:《动物农场》读书课** /63

**每章精读** /69

### 第一章(上):开会 /69

1. 小说开始的时间
2. 小说的开头
3. 谈艺录Ⅰ:人物出场方式
4. 群像里的详与略

### 第一章(下):说梦 /75

1. 驴与马的友谊
2. 上半场演讲的得与失
3. 下半场演讲:回忆未来
4. 《英格兰牲畜之歌》
5. 一小段中场休息

### 第二章(上):起义 /85

1. On his bed of straw
2. 老少校之死
3. 三头猪的形象与工作
4. 革命所需的两种因素
5. 成功后所做的几件事

### 第二章(下):"七戒" /93

1. 人生旅途中的顿悟
2. 登山远眺
3. 视角:谁的眼睛
4. 谈艺录Ⅱ:配器法
5. 时间开始了
6. 关于"七戒"

### 第三章(上):劳动 /102

1. 异曲同工
2. 颗粒归公
3. 谈艺录Ⅲ:对比的力量
4. 经验之火与想象之光

## 第三章（下）：教育 /112

1. 谈艺录IV：反讽
2. 两种教育
3. 留白：谁写的字？
4. 雪球与拿破仑的裂缝
5. 牛奶与苹果

## 第四章：牛棚战役 /122

1. 农场外
2. 子弹
3. 牛棚战役与《孙子兵法》
4. 舆论与传播学

## 第五章（上）：出走 /130

1. 鸽子的功劳
2. 震惊：茉莉出走
3. 首蓿的教育
4. 谈艺录V：连点成线法
5. 哈耶克：为马一辩

## 第五章（下）：出土 /138

1. 三种分歧和一泡尿

2. 二度震惊：雪球出走
3. 武装的先知、非武装的先知
4. 制度的两大改变
5. 语言的两大改变

## 第六章（上）：入侵 /148

1. "七戒"破二，暗暗地打破
2. "七戒"破三，明明地打破
3. 幸福指数的滑落
4. 谈艺录VI：叠影法
5. 机械与机心

## 第六章（下）：入住 /155

1. Amish 与机心
2. 把博物馆变成住所
3. "七戒"破四
4. 外寇与内奸
5. 一个永久的谜

## 第七章（上）：饥荒 /162

1. 行动和行动之间不留空隙
2. 建造风车的目的
3. 掩盖与摆拍
4. 谈艺录VII：让创作左右逢源的三条原理

5. 谣言：世界上最古老的传媒

### 第七章（下）：屠杀 /174

1. "七戒"破五
2. 四只小猪：一个政治学案例
3. 路易十四：一段历史的印证
4. 三条狗：一种行为分析
5. 招供了就死，为什么还要招供？

### 第八章（上）：造神 /181

1. 两次远眺与一首杜诗
2. 就地神化的五种方法
3. 谈艺录Ⅷ：日之喻
4. 匹夫之怒、群体之恨

### 第八章（下）：风车战役 /189

1. 宣传法：口号与重复
2. 两场战役的比较
3. 一个词的修改
4. "七戒"破七
5. 谈艺录Ⅸ：悲剧中的笑声

### 第九章（上）：假装 /199

1. 退而无休

2. 挖空一个词
3. 破之又破
4. 乌鸦回来了

### 第九章（下）：英雄之死 /204

1. 拳击手的肺
2. 真正的朋友
3. 谈艺录Ⅹ：如何呈现一个英雄的死亡
4. 奥威尔的马与杜甫的马

### 第十章（上）：一戒 /212

1. 年复一年，是哪一年
2. 老动物的尾声，新动物的出身
3. 风车造好了，生活变糟了
4. 打破隐藏的第八戒
5. 新的一戒意味着什么

### 第十章（下）：收尾 /219

1. 小说结束的时间
2. 海明威 vs 奥威尔
3. 黑桃 A
4. 谈艺录Ⅺ：反者道之动
5. 两扇窗

结　语 /227

1. 渊源：《双城记》与《动物农场》
2. 情节：用四个词概括
3. 角色：圆的和扁的
4. 不足：动物说人话
5. 价值：本书与我

# 一
## 读书三问

## 为什么要读书?

败坏一种兴趣的有效方式就是把它变成考试项目,毁掉一本好书的有效方式就是把它列入必读书目。

人间的书籍多如天上的星辰,每个人的成长路径和所需营养各不相同,在这层意义上,不妨这样说:没有哪一本书是人人必读的书。

普通读者,可以常常温习苏轼《记游松风亭》,寥寥几行而已,写的是一个顿悟的场景:

> 余尝寓居惠州嘉祐寺,纵步松风亭下,足力疲乏,思欲就亭止息。望亭宇尚在木末,意谓是如何得到?良久,忽曰:"此间有甚么歇不得处?"由是如挂钩之鱼,忽得解脱。若人悟此,虽兵阵相接,鼓声如雷霆,进则死敌,退则死法,当恁么时也不妨熟歇。

一念之别,天地顿时宽敞了,"此间有甚么歇不得处?"是在劳苦之中的忽然放下,于是一身轻松。这番道理对普通读者很有益处——功利心过甚、目的性太强的苦读,有时会成为一种捆绑,让人埋首其间作茧自缚,读得束手束脚甚至动弹不得。一个人从小就要记住——读书是解放、是去蔽,好书读进去,是让人表里俱澄澈,悠然心会,更仿佛秋宵梦觉,眼前万里江山。

为什么要读书?为了获得新知,为了对付考试,有时是工作需要,有时则纯属消遣……不同的读者有不同的意图,即便是同一个人,时过境迁,读书的目的也会发生变化。至于所读的书,绝大部分只需随手翻翻,跳读一两段就可以了;有一些书需要通读一遍,知其全貌;只有少数的几本书值得一读再读,甚至熟读成诵,细细咀嚼消化。

总而言之,当尽力使自己成为一个博览群书的人,也当谨记关于书的两段儆醒之言。

第一段话来自孟子。孟子曰:"尽信书,则不如无书。"孟子所言的"书"是《尚书》,他对《尚书》所记的历史不以为然,因为周武王讨伐商纣以致血流漂杵,孟子则认为仁者无敌,焉用战?如今我们读这段话,也不放拓展广延,把"书"理解为一切书,再伟大的书也未必每时每刻都契合你,不可拘泥字句死读书,读者当根据自己所处的特殊境遇,学其精义灵活应对。

第二段话来自蒙田。蒙田在《论书籍》里坦然写道:"我的目的是悠闲地而不是辛劳地度过余生。没有一样东西我愿意为它呕心沥血,即使做学问也不愿意,不论做学问是一桩多么光荣的事。我在书籍中寻找的也是一个岁月优游的乐趣。若搞研究,寻找的也只是如何认识自己,如何享受人生,如何从容离世的学问。"

## 如何学好语文？

"语文"可以单指一门课程。

如何学好语文？答案是简单的三个字：多读书。

不信可以采访班里语文学得很轻松的同学："请问你平时喜欢读哪些书？"他会随口就报出几本或十几本书，有些可能是你不曾听说过的。语文考试得高分的秘诀，不单单在课内的语文书，更在课外广泛的自由阅读。

"语文"可以指向更广阔的范围。"语"是语言；"文"有三个层面，依次是文字、文学、文化。

在更广阔的范围里，如何学好语文？《从文自传》里有两章的章名就是很好的回答：我读一本小书同时又读一本大书，我上许多课仍然不放下那一本大书。

只有小学学历的沈从文，后来成为西南联大、北京大学教授，中国杰出的作家和文物研究者，他有过如下总结："总而言之，这样玩一次，就只一次，也似乎比读半年书还有益处。若把一本好书同这种好地方（苗乡场集）尽我拣选一种，直到如今我还觉得不必看这本弄虚作伪千篇一律用文字写成的小书，却应当去读那本色香具备内容充实用人事写成的大书。"这里的"大书"显然就是广阔的社会生活，这里的"读"就是每个人在自己的人生里去亲力亲为，亲身印证。

"语文"还意味着某些能力。具体地说，是一个人听、说、读、写的四种能力。

如何学好语文，培养自己的语文能力？要清楚地知道，听和读，是吸取的能力；说和写，是表达的能力。专注地倾听，清晰地言说，安静地阅读，流畅地书写……在一个良好的语文课堂里会有合理的教学安排，让学习者的这四种能力在不知不觉中得到培养；在日常生活中，学习者也当处处留心，主动把握机会，适时锻炼自己的这四种能力。

## 怎样找到好书?

有个年轻人偶然读到《传道书》,读到这样一段:

凡事都有定期,

天下万务都有定时。

生有时,死有时;

栽种有时,拔出所栽种的也有时;

杀戮有时,医治有时;

拆毁有时,建造有时;

哭有时,笑有时;

哀恸有时,跳舞有时……

句句入情入理,入筋入骨,他觉得人生的道理都被《传道书》说尽了,郁结心中很久的困惑也就此解开,他一边读一边跌足大叫:"为什么,为什么,为什么没人告诉我有这本书?"

确实，与一本好书的相遇就像与某位可敬可爱之人的结识，与其寄希望于屡屡落空的邂逅，不如有人实实在在地引荐。那么，该怎样找到好书呢？

举世公认的好书并不太多，有人说倘若全世界的图书馆都被焚毁，只能抢救出三本书，他希望能留存《老子》《理想国》《新旧约全书》，因为它们是东亚、古希腊、希伯来的源头经典。你现在就可以把这三本人生之书常置案头，但也要明白，它们未必会人见人爱——因为大众往往追逐流行读物，渴慕经典的读者比经典更少。倘若你想了解书的谱系与阅读布局，可以找到金克木先生的那篇名文多读几遍——《书读完了》，里面有更多的书目，也有阅读的路径与方法。

那么，一个中学生该怎样找到适合自己的好书呢？

首先，了解一些知名出版社。人民文学出版社（国家级专业文学出版机构），上海译文出版社（综合性专业翻译出版社），上海古籍出版社（海内外古代文史典籍的出版重镇），中华书局（弘扬中华文化、普及民智教育的百年老社），商务印书馆（中国出版行业里最悠久的机构），三联书店（人文精神，思想智慧，竭诚为读者服务）……好出版社所出的书，内容品质有保证，装帧印刷也考究，拿在手里，赏心悦目。同一本书在书架上若有多个版本，首选知名出版社的。

其次，可以通过丛书系列来寻找好书。以下十余种丛书，历经多年时间的检验，在读者中有很好的口碑，有些爱书人以集齐某个系列的全部书籍为乐，也有人见一本买一本，让生活与丛书同步更新。为了便于初级书友了解，下面举几个丛书系列，有的系列已经出了几百本，这里篇幅有限，每个系列仅附五本书，尝鼎一脔之意耳。

人民文学出版社的外国文学名著丛书，被爱书人称为网格本：《欧里庇得斯悲剧二种》《索福克勒斯悲剧二种》，梭罗《瓦尔登湖》，福楼拜《包法利夫人》，《契诃夫小说选》。

商务印书馆的汉译名著：柏拉图《理想国》，亚里士多德《尼各马可伦理学》，奥古斯丁《忏悔录》，霍布斯《利维坦》，亚当·斯密《道德情操论》。

三联书店的文化生活译丛：罗伯特·路威《文明与野蛮》，伍尔夫《一间自己的屋子》，茨威格《人类的群星闪耀时》，《达·芬奇笔记》，莱·柯拉柯夫斯基《关于来洛尼亚王国的十三个童话故事》。

译林出版社的牛津通识读本：《古典哲学的趣味》《人生的意义》《美国总统制》《文学理论入门》《历史之源》。

上海译文出版社的译文纪实：海斯勒《寻路中国》，邓洛普《鱼翅与花椒》，史明智《长乐路》，NHK特别节目录制组《无缘社会》，石川结贵《手机废人》。

译文名著精选：赫胥黎《美丽新世界》，加缪《鼠疫》，毛姆《月亮和六便士》，王尔德《道连·葛雷的画像》，莫泊桑《羊脂球》。

上海古籍出版社的蓬莱阁典藏系列：张荫麟《中国史纲》，蒋廷黻《中国近代史》，陈寅恪《唐代政治史述论稿》，王国维《人间词话》，闻一多《唐诗杂论》。

中华书局的中国古典名著译注丛书：《论语译注》《孟子译注》《老子注译及评介》《山海经详注》《春秋左传注》。

北京出版社的大家小书：王昆仑《红楼梦人物论》，林庚《西游记漫话》，傅庚生《中国文学欣赏举隅》，李长之《鲁迅批判》，陈从周《梓翁说园》。

世界图书出版公司的大学堂：《沟通的艺术》《国家的常识》《听音乐》《认识艺术》《认识商业》。

广西师大的电影馆：巴赞《电影是什么》，伯格曼《魔灯》，大卫·马梅《导演功课》，《双重生命，第二次机会：基耶斯洛夫斯基的电影》，罗杰·伊伯特《伟大的电影》。

这些书都是开放的，面向所有向往知识、崇尚科学，对宇宙和人生有所追问的人。"学问"一词，可以理解为在追问中学习。每一本好书都是一位良师，一个系列的丛书就仿佛一所大学了，只要学习者立志做个有心人，上下求索，主动叩问寻访，定然会遇见自己心仪的那些好书的。

再者，有了一定的积累后，可以用追溯之法，由此及彼。

假设你已经知道汪曾祺是小说圣手，那么他心目中一流的小说家是谁呢？读了三联书店出版的《岁朝清供》，从中得知汪曾祺最爱的小说家是鲁迅和契诃夫，那就接着读这二位的小说，会有别样的收获。

比如读导演彼得·布鲁克的代表作《空的空间》："我在二十世纪后半叶的英格兰写下这本书，可气的是，莎士比亚此时依旧是我们的戏剧榜样……"由此得知他对莎士比亚推崇备至，尤爱《暴风雨》和《李尔王》，那么不妨读了《空的空间》之后就开始读读莎士比亚。

比如读诺贝尔和平奖得主史怀泽的《敬畏生命》："就像镭按其本性不断处于放射之中一样，保罗的神秘主义也不断地由自然转变为精神和伦理……在保罗的书信中，涌现出大量令我们终身受用的言语。"可见史怀泽敬畏生命的伦理与保罗密切相关,那么在读《敬畏生命》时就可以把《保罗书信》列入后续的阅读计划。

又比如读《昆虫记》,了解法布尔的生平,意外发现这位法国学者竟然与英国思想家约翰·穆勒有交集,约翰·穆勒《论自由》一书与法国阿维尼翁一地的渊源很深,于是就可以去读这本伟大的小书《论自由》和《约翰·穆勒自传》。慢慢地,你的阅读计划就连点成线了。

最后,也有人喜欢定向阅读法——确定了一位作家或学者,在几个月里,把他的相关作品都找来,通读一两遍,获得整体的印象。

举一个作家的例子,倘若你从小就喜欢《夏洛的网》,自然会连带着读一读《精灵鼠小弟》和《吹小号的天鹅》,随着年龄的增长,就知道作家 E.B. 怀特创作的不只是童话,他为《纽约客》写专栏多年,被称为二十世纪伟大的随笔作家,他的随笔集《这就是纽约》《重游缅湖》《人各有异》,书信集《最美的决定》都值得一读。"如同宪法第一修正案一样,E.B. 怀特的原则与风范长存。"《纽约时报》给予如此之高的评论,不仅是针对 E.B. 怀特的童话与随笔,还与 The Elements of Style 一书有关,此书由 E.B. 怀特、W. 斯特伦克二人合著,薄薄的一册,却仿佛武林秘笈一般熠熠生辉,深入浅出地阐述了英文写作的基本原则,对中文写作也有裨益。

再举一个学者的例子,读了朱光潜《给青年的十二封信》,获得一些人生的指引;继续读他的《谈文学》,里面谈作文与运思、选择与安排、具体与抽象、精进的程序……每一篇都能帮到初学写作者。若有余力,再读《悲剧心理学》,这是朱光潜的博士论文,可以了解何谓悲剧,什么是心理学;然后读《诗论》,这是一本诗学专著,可以就此明白诗歌的基本原理，了解如何鉴赏诗歌。最后读读他的译作，柏拉图《文艺对话集》，《歌德谈话录》……这样一路读来，了解得全面，收获就很大。

也可以根据译者来定向阅读，以董乐山为例，他是《红星照耀中国》的译者，译笔流畅生动，他还翻译过哪些书呢——《一九八四》《中午的黑暗》《我为什么要写作》《第三帝国的兴亡》……以优秀译者为线，同样可以牵出许多好书。

总而言之，有些书可以陪伴一生之久，也有些书是当下迫切急用的，书和人一样，在不同的境遇里展开各自的命运，每个人的阅读之路、人生之路都是独一无二的，必须由自己来确定，随着成长而不断更新。

## 二
### 书单三页

## 福楼拜的书单

詹姆斯·伍德《臧否福楼拜》一文中说:"从福楼拜开始,便有了当代写作的两大脉络:风格至上的美学主义,或者说'无所事事'的书(新小说,先锋派,等等);另一脉则推崇沉默的细节,或者说完全由一连串细节构成的书,强调冷眼旁观,实事求是(这包括了范围很广的一批小说,从精耕细作的海明威和佩雷克,到朴实无华的卡佛和罗伯特·斯通)。哲学层面,这份遗产应作如是观:一方面福楼拜是唯美派和象征派之父;另一方面,他是文学实证主义之父……福楼拜发明了硬核唯美主义和软调唯美主义。更进一步看,虽然或许这个头衔对福楼拜而言太重了,他其实也是乔伊斯之父……"

福楼拜对现代文学影响深远,他的书信集跨度长达半个世纪,内容涉及方方面面,其中也提到了他深爱的经典作品,以下书单,选自《福楼拜文学书简》(丁世中、刘方译,人民文学出版社,2022年1月)。

### 《老实人》

我承认，我热爱伏尔泰的散文，他的短篇小说是我的精美调味品。我读过二十遍《老实人》，我把此书译成了英文，而且还不时重读。目前我正在阅读塔西佗的书。过些时候，我身体好些，我要再读荷马和莎士比亚。荷马和莎士比亚，什么都在其中了！其余的诗人，哪怕再伟大的诗人，在他们旁边都似乎显得矮小。（1844年6月7日）

### 莎士比亚

唯一的一个可以替代其他所有人的人，我的老莎士比亚。我即将开始从头到尾重读他的作品，这次只会在我能随意找出我要找的书页才肯罢休。——我一读莎士比亚的书就感到自己变得更高尚、更聪明、更纯洁。每当我攀登上他作品的高峰时，我仿佛登上了一座高山。一切都消失了，一切都出现了。人已经不再是人，他成了眼睛。（1846年9月27日）

### 《伊利亚特》

我准备重读《伊利亚特》。半月之后，将去特洛亚作短期旅行。一月份将到希腊。恨自己学识如此贫乏。至少，希腊文略懂一点也好啊！时间浪费得何其多啊！（1850年11月14日）

### 《金驴记》

这本书乃是杰作。这部小说令我赞叹，令我眼花缭乱。大自然本身、风景、事物的真正别致的一面，这一切都处理得很现代，而字里行间又充满古代的灵感和基督教气息。这本书同时散发着乳香和尿味，在那里，人的兽性和神秘主义紧密结合。（1852年6月27日）

### 《巨人传》《堂吉诃德》

星期天，我和布耶不会不读拉伯雷的书和《堂吉诃德》。那是怎样难以抗拒的书呀！你越出神地欣赏，它们变得越高大，犹如看埃及的金字塔，你最后几乎会感到害怕。《堂吉诃德》里最神奇的地方是没有技巧，是幻想和现实持续不断的融合，这种融合使书变得非常诙谐，非常有诗意。在他们旁边，其余的人显得多么矮小！大家感到自己多渺小，上帝，大家感到自己多渺小！（1852年11月22日）

### 《蒙田随笔全集》

我不可能再找到蒙田关于比科德拉米兰多拉的引语（这证明我对蒙田还不够熟悉）。为此我得重读而不是翻阅（因为我已经翻阅过了）《蒙田全集》。（1853年9月16日）

### 《包法利夫人》

有像夫人这样充满同情的读者，我理应坦率。我的回答是：《包法利夫人》中没有一点真实的东西。全然是虚构的故事。没有掺入我的感情和境况。如有如真的感觉，那恰恰来自作品的客观性。我的原则，是不写自己。艺术家在作品中，犹如上帝在创世中，看不见摸不着却强大无比。其存在处处能感到，却无处能看到。（1857

年 3 月 18 日）

### 《圣经》

　　问题不是改变人类，而是认识人类。少想想自己。放弃迎刃而解的奢望。解决办法，存在于上帝胸中。唯上帝握有良策，但秘不示人……生活是一桩讨厌的事，唯一忍受之法，就是逃避。阅读大师，掌握其手法及实质；研读之余，觉得眼前闪亮，心情愉快。一如走下西奈山的摩西，因为尊仰上帝，脸庞四周放出光芒。（1857 年 5 月 18 日）

### 《恶之花》

　　大作《恶之花》我从头到尾拜读了一遍，细心犹如厨娘做菜。一周来，一读再读，一句句，一字字，坦白说，我喜欢，我极为满意。（1857 年 7 月 13 日）

## 朱光潜的书单

1942 年，黄梅向朱光潜约稿，请他开一个为获得现代公民常识的必读书目，于是朱光潜写了一篇《人文方面几类应读的书》，特别强调了以下三点：

第一，没有一份书目是人人适合的，因为各人的环境、天资、修养和兴趣都不一样，学习者在阅读方面获得明眼人的指导固然大有裨益，但自己暗中的摸索也不可少，因为失败的教训往往大于成功的。

第二，一个人首先应该了解本国的社会文化传统、学术思想和艺术成就，认识本民族的长处和短处，作为自己前进的基本出发点。

第三，不可只读中国书，必须了解西方文化，要了解其三个重要来源：一是希腊的，科学、哲学的思想和文艺作品都是后来的模范；一是希伯来的，《圣经》在西方的影响胜过其他的书；一是条顿的，继承希腊精神而发挥为近代科学与工商业文化。

文中共列了几十种书，以下为重点推荐的书目：

《论语》《孟子》

五经(《诗经》《尚书》《礼记》《周易》《春秋》)

前四史(《史记》《汉书》《后汉书》《三国志》)

韦尔斯《世界史纲》

《荷马史诗》

柏拉图《理想国》

亚里士多德《伦理学》

普鲁塔克《希腊罗马名人传》

《圣经》

但丁《神曲》

达尔文《物种起源》

亚当·斯密《国富论》

约翰·密尔《论自由》

## 适合中学生的一份极简书单

以下十几本书并无一定的谱系，也不构成一个完整的阵营，倒是有点像十二位神闲气定的高人，偶尔相聚于此处，至于为什么会出现在这里，纯属巧合而已。倘若你乐意与其中任何一位倾心交流，那么从中得着的滋养也许会有一生之久。

就影响力而言，这里的每一本都堪称巨著；就篇幅而言，基本都可称为小书，可亲可爱，最短的那本仅五千多字而已（《艺术的故事》配了不少铜版纸插图故而厚一些），半天就可以读完，没有负担。

这些书思想深刻而难度适中，很适合在中学阶段阅读，读得越多越熟越好。这份书单的推荐者曾亲眼见过一位初中生爱极了《艺术的故事》，阅读太勤以致书页被翻烂，一页一页掉了下来，不得不重买一本新的，真的是读书破万卷；也曾见过整个年级人人都能背诵六十四则《人间词话》，烂熟于胸，脱口而出，已将王国维的成果化为自己的营养。

十二本书罗列如下，书名之后附有相对较佳的版本信息，旁人的推荐或作者自语。

一、《中国史纲》，张荫麟 撰，上海古籍出版社，2019 年 5 月

王家范："文笔流畅粹美，运思遣事之情深意远，举重若轻，在通史著作中当时称绝，后也罕见。"

二、《老子译注》，辛占军 译注，中华书局，2008 年 6 月

张荫麟："始皇的焚书，并不能把简短精警的五千言从学人的记忆中毁去。他们当战事平息、痛定思痛之际，把这五千言细加回味，怎能不警觉它是一部天发的神谶。"

三、《人间词话》，王国维 著，上海古籍出版社，2019 年 5 月

黄霖："观点新颖，立论精辟，自成体系，在中国诗话、词话发展史上堪称是一部划时代的作品。"

四、《驼庵诗话》，顾随 著，生活·读书·新知三联书店，2018 年 1 月

叶嘉莹："我因深知先生讲课之精华实为中华诗词传承不可多得之瑰宝，所以多年来一直随身珍重携带未敢或失。虽经忧患乱离一切衣物尽失，而我对这些笔记则珍视如同自己之生命，故得以全部保存。"

五、《野草》，鲁迅 著，人民文学出版社，2021 年 7 月

江弱水："我一向认为，《野草》是过去一百年里中国最杰出的新诗集，有着不可企及的情感的浓度、思想的深度、语言的强度。"

六、《艺文杂谈》，朱光潜 著，安徽人民出版社，1981 年 12 月

朱光潜："一个对于文艺有修养的人决不感觉到世界的干枯或人生的苦闷。他自己有表现的能力固然很好，纵然不能，他也有一双

慧眼看世界，整个世界的动态便成为他的诗，他的图画，他的戏剧，让他的性情在其中怡养。"

七、《缘缘堂随笔》，丰子恺 著，人民文学出版社，2020 年 10 月

吉川幸次郎："我所喜欢的，乃是他的像艺术家的真率，对于万物的丰富的爱，和他的气品，气骨。如果在现代要想找寻陶渊明、王维那样的人物，那么，就是他了吧。他在庞杂诈伪的海派文人之中，有鹤立鸡群之感。"

八、《湘行书简》，沈从文 著，人民文学出版社，2017 年 3 月

沈从文："我轻轻的叹息了好些次。山头夕阳极感动我，水底各色圆石也极感动我，我心中似乎毫无什么渣滓，透明烛照，对河水，对夕阳，对拉船人同船，皆那么爱着，十分温暖的爱着！"

九、《流言》，张爱玲 著，北京十月文艺出版社，2019 年 6 月

张爱玲："一个小孩骑了自行车冲过来，卖弄本领，大叫一声，放松了扶手，摇摆着，轻倩地掠过。在这一刹那，满街的人都充满了不可理喻的景仰之心。人生最可爱的当儿便在那一撒手罢？"

十、《沉思录：古希腊文全译本》，[古希腊] 奥勒利乌斯 著，王焕生 译，上海三联书店，2010 年 1 月

温家宝："这本书天天放在我的床头，我可能读了有一百遍，天天都在读。"

十一、《艺术的故事》，[英] 贡布里希 著，范景中 译，广西美术出版社，2015 年 7 月

尼尔·麦克雷戈："我们这一代的每位艺术家，思考绘画的方式都几乎是由贡布里希塑造成形。我十五岁时阅读了《艺术的故事》，

从此以后就像千百万人一样,仿佛获得了一幅伟大国度的地图,借此可以信心百倍地探赜索隐,无须担心走入歧途。"

十二、《活出意义来》,[德]维克多·弗兰克 著,赵可式 译,生活·读书·新知三联书店,1998 年 10 月

戈登·欧伯:"作者弗兰克博士,是一位精神医学家。他经常问遭逢巨痛的病人:'你为什么不自杀?'病人的答案,通常可以为他提供治疗的线索。譬如,有的是为了子女,有的是因为某项才能尚待发挥,有的则可能只是为了保存一个珍贵难忘的回忆。"

# 三 精读的几种方法

## 一字不漏法

史学家严耕望主要研究中国中古政治制度与历史地理，他的《治史三书》是教人研究学问的入门好书，书中建议年轻人要专精也要博通；要集中心力做"面"的研究，不要做孤立的"点"的研究；要建立自己的研究重心，不要跟风抢进；看人人能看得到的书，说人人所未说过的话；不轻下否定的断语，不忽略反面的证据，不断章取义……都是治学良言。

倘若某人研究历史的某一时代，该时代的正史典籍就属于基本材料书，对于基本材料书，刚刚入门者当采取怎样的读法？严耕望建议：要从头到尾地看。一般读正史的人往往以自己所研究的题目为主，一目十行地翻找材料，有的只看某几个传，某一两篇志，绝对不可以这样。

严耕望说："看某一正史时，固然不妨先有个研究题目放在心中，但第一次看某部正史时则要从头到尾、从第一个字看到最后一个字，一方面寻觅研究题目的材料，随时摘录，一方面广泛注意题目以外的各种问题。"有人也许会问，为什么要看得如此仔细，一字不漏？因为从头到尾读正史，是为了对这一时代有一种全盘认识（找材料是次要目的），读得仔细方能处处求懂。

他举例说，有个研究生写"唐代马政"的论文，翻检《全唐文》各家文集的目录，选一些可能与马政有关的阅读，其余的略过，自然就遗漏了重要的史料——孙樵《兴元新路记》（《全唐文》七九四）记载："自黄蜂岭，洎河池关，中间百余里，皆故汾阳王私田，尝用息马，多至万蹄，今为飞龙租入地耳。"这条史料说明郭子仪在这一处地方就养马二千五百匹上下，是全唐代书籍中涉及唐代私马极少数材料中最好的一条，多么宝贵的材料，明明就在那里，非用一字不漏法才可以发掘到，读书真的要彻底呀。

严耕望略带点自负地说，实行这种读书法，治学潜力会越来越强，一二十年后，有左右逢源之感，眼前一片通明，似乎无往而不可。

一字不漏法，适合做断代史研究的史学家，对中学生的精读也有启发。

## 两遍法

哲学家叔本华对读书与思考方面的问题颇有见地,他认为一家杂乱无章的大图书馆,不如一家分类清晰的小图书馆,一个人的头脑就像一个图书馆,所知不多没关系,深思熟虑和条理井然最要紧。

他在《论阅读和书籍》里写道,所谓读书就是让自己的头脑成为别人思想的运动场,故而一天到晚沉浸在书里的人,难免会变成一个呆头呆脑的书蛀虫,与其这样,不如自己多多思考,彻底理解生活中的现象和真理——这和孔子的教导不谋而合,子曰:"学而不思则罔,思而不学则殆。"(只是读书却不思考,就会受骗;只是空想却不读书,就会缺乏信心。)

叔本华还提醒读者,凡是畅销一时的书,切勿贸然去读,争先恐后读新书的都是愚蠢的人。当把宝贵的阅读时间用在经典名著上,远离导读、赏析之类的二手货,一定要亲自与原著面对面,岂有比读古典名著更快乐的事呢,可惜啊,叔本华叹惋道,一般人往往是买而不读,读而不精。

那么，怎么精读呢？他说：Repetitio est mater studiorum（温习乃研究之母）。任何重要的书都要立即再读一遍，一则因再读时更能了解其所述各种事情之间的联系，知道其末尾，才能彻底理解其开端；再则因为读第二次时，在各处都会有与读第一次时不同的情调和心境，因此，所得印象也就不同，就像把同样的东西放在不同的光线里打量。

两遍法，适用于需要精读的每一本书。

## 四天廿二遍法

丰子恺的日语造诣很深，翻译了日本古典名著《源氏物语》，而他在求学时期到日本留学的时间只有十个月，那么他是怎么学习日语的呢？《我的苦学经验》一文中，他介绍了自己所用的笨法子，每一篇文章，在四天之内，都熟读（放声朗读）二十二遍，繁体"讀"字有二十二笔，他就用"讀"字来计数，具体如下：

第一天读第一课，读十遍，每读一遍画一笔，便在第一课下面画了一个"言"字旁和一个"士"字头。

第二天读第二课，亦读十遍，亦在第二课下面画一个"言"字和一个"士"字，继续又把昨天所读的第一课温习五遍，即在第一课的下面加了一个"四"字。

第三天在第三课下画一"言"字和"士"字，继续温习昨日的第二课，在第二课下面加一"四"字，又继续温习前日的第一课，在第一课下面再加了一个"目"字。

第四天在第四课下面画一"言"字和一"士"字，继续在第三课下加一"四"字,第二课下加一"目"字,第一课下加一"八"字,到了第四天而第一课下面的"讀"字方始完成。这样下去,每课下面的"讀"字,逐一完成。

这种方法大巧若拙,其中有四个要点值得留心学习:

一、不是默读,而是每一遍都放声朗读。

二、从第四天起,每天放声朗读的有四篇课文,滚动式渐进。

三、学而时习之,不亦悦乎——是对孔子这句话的合理运用。

四、到最后,每篇课文下面有了一个完全的"讀"字,表示已经熟读了,学习的进程清晰可查。

四天廿二遍法,贵在持之以恒,在学习外语、诗词和《古文观止》的时候,若能把"讀"字一篇一篇地落实,一年半载后就会略有小成。

## 八面受敌法

关于如何读书，苏东坡在给王庠的信里写道：

"少年为学者，每一书皆作数过尽之。书富如入海，百货皆有，人之精力，不能兼收尽取，但得其所欲求者耳。故愿学者每次作一意求之。如欲求古今兴亡治乱、圣贤作用，但作此意求之，勿生余念；又别作一次，求事迹故实、典章文物之类，亦如之。他皆仿此。此虽迂钝，而他日学成，八面受敌，与涉猎者不可同日而语也。甚非速化之术。"

大意是说，在书的海洋里应有尽有，知识无涯生有涯，每个人的时间精力都是有限的，怎么办呢？苏东坡建议，同一本经典多次阅读，每次抱定一个主题，心无旁骛地研究与记录，这样看起来又慢又笨拙，但学得很扎实。八面受敌的意思，就是功力深厚，能应付各种情况。

八面受敌法，简而言之就是一书多读，尤其适合大部头的作品。举个《红楼梦》的例子,有这样三本研究专著,《红楼梦人物论》《〈红楼梦〉与中国旧家庭》《〈红楼梦〉的法律世界》,一目了然,看书名就知道三位学者各自的研究角度,也明白什么叫一书多读了。

## 熟读成诵法

伦敦的查令十字街84号，曾经是一家旧书店，名叫马克斯与科恩（Marks & Co.），古旧得仿佛出自狄更斯笔下，排排书架直抵天花板，里面有许多珍本好书。书店负责人弗兰克与纽约作家海莲·汉芙的书信往来延续了二十年。这些书信后来被整理成一本书，书名就叫《查令十字街84号》，这本美好的书打动了无数爱书人，故事也被拍成了同名电影，广受好评。

海莲·汉芙是自由撰稿人，以写剧本与编书为生，她因家贫而辍学，文学素养全凭自学，十七岁那年某日，她在纽约图书馆找关于写作方面的书，发现了一套共五册的《写作的艺术》，作者是亚瑟·奎勒-库奇（Arthur Quiller-Couch），她就以此为教材和索引，按图索骥地找到经典著作来研读，前前后后用了十一年，方才研读完毕，就此练出一手漂亮的笔墨，嬉笑怒骂皆成文章，《查令十字街84号》《布鲁姆斯伯里街女伯爵》等书，经过了半个世纪的时间检验，流传至今。

也许是因为自学的缘故，海莲·汉芙的精读方法果然与众不同，在《布鲁姆斯伯里街女伯爵》一书中，1971年7月13日的日记里，她介绍说她用别人读五十本书的时间，把同一本书读了五十遍。要到什么时候才算读完呢？只有在读到任意一页，比如说读到第二十页最下面几行时，发现能凭着记忆背出下一页和下下页的内容了，这才算是读完了，就此把这本书束之高阁，几年不去问津。

这种方法有意思的地方在于，并非刻意去背诵，而是因翻来覆去翻阅而实在太熟悉了，自然而然地全部记住了。此法的长处是对一本书印象深刻而融会贯通，短处是费时良久，针对极少的几本源头经典，可以采用这种方法。

## 卡片法

余英时在二十岁投入钱穆门下,当时的研究兴趣在中国社会经济史,计划从《三国志》开始阅读,追溯门第社会的起源和发展,儒道两家互相争衡的关联。钱穆了解之后,给出了一点重要的提示,让余英时的研究计划上溯至汉代(这样才能找到源头所在),研究文献也相应地调整,以《后汉书》为精读正史的起点。

具体怎么精读呢?钱穆所教如下:

第一,从头至尾,通读全书。

第二,对书中一切相关资料,加以系统的整理记录,以便将来查考和运用。

余英时认真执行了,将《后汉书》里所有涉及社会、经济、政治、思想方面的变动,无论直接或间接、重大或细微,都搜集起来,分门别类地加上标识。较短的原文就直接抄在卡片上,较长的就摘录关键词句作为提要。就这样精读详记,两年时间里一共积累了一千多张卡片。

后来，余英时在学术上卓然有成，著作等身，获得克鲁格人文与社会科学终身成就奖,晚年余英时在回忆录里总结道,这些卡片"奠定了我中国史研究的基础"。

精读加详记的卡片法，有利于归类，有利于发现潜藏着的规律，令研究者思路清晰。卡片法在研究性学习、论文写作等方面，是非常有用的。

四

不会写？找到这几本书就有了良师

《成为作家》

《成为作家》，〔美〕多萝西娅·布兰德，刁克利 译，中国人民大学出版社，2011年1月

每个人都有成为作家的可能，可惜许多人没有去发掘或锻炼自己，或者明明写得不错却遭到莫名其妙的打击，从此懒得提笔……作家多萝西娅·布兰德说自己碰到过不少年轻人，他们被宣判根本不适合写作，就闷闷不乐地退缩了，很可惜，于是她写了《成为作家》一书，来给那些年轻人鼓舞士气，说服他们满怀渴望与信心，抓住一切机会锻炼写作能力，学习写作技巧，一步一步地创作自己的作品，接近自己的目标。

这本书里说，每个人都有两个自己：第一个是生活里循规蹈矩者，按部就班，默默忍受着现实的压力；第二个则是不知天高地厚，一向天真烂漫，常常天花乱坠，喜欢天方夜谭，热爱写作。第二个可以躲在第一个的面具后面，按着自己的节奏，发挥自己的文学创造力。

这本书初版于1934年，几十年来帮助许多年轻人成为作家，书

里谈到一条写作的基本原理，你明白得越早越好——正是每个人贡献的涓滴，汇流成人类经验的大海。要提醒自己，你是独一无二的，多年前的某时某地，父母生下了你，你的经历不可复制，你的观点与众不同，你的想法异于常人，只要你能与自己友好相处，有耐心有技巧地写下那个只有你知道的故事（故事里自然地渗透了人类经验，因为你是共同体中的一员），那么你就有了一篇原创作品。

## 《小论文写作七堂必修课》

《小论文写作七堂必修课》，〔美〕贝弗莉 著，周凯南 译，北京大学出版社，2009 年 6 月

什么是写作？倘若就这个问题去采访中国中学生，大部分人头脑中闪现的是考场作文，他们就像里尔克笔下的那只豹，在一个极小的圈中囚禁得太久，"千条的铁栏后便没有宇宙"。倘若你打算就读一所国际学校，学习国际文凭大学预科课程（IBDP），那么论文写作就是一件必不可少的事了，更不必说以后的本科与硕士论文了。

本书作者贝弗莉博士是美国蒙大拿大学的教授，她真懂得什么叫深入浅出，用简洁清晰的语言为中学生介绍怎么写论文，整本书图文并茂，娓娓道来。只要认认真真读过一遍，一个普通的初中生就能了解论文写作的基本流程、主要方法和注意事项。而这本书的深入浅出更在于，一个大学生依然可以从中获益。每年市面上的出版物成千上万，让人眼花缭乱，然而真正手把手指导中学生写学术论文，让人在字里行间感受到无微不至的帮助的好书，似乎仅此一本，

全书目录如下——

        第一堂课：寻找论文题目

        第二堂课：查资料

        第三堂课：做笔记

        第四堂课：拟写论文提纲

        第五堂课：起草论文初稿

        第六堂课：修改和修订初稿

        第七堂课：提交论文

翻开书就可以得到指导：如何寻找适合自己的论文题目，从哪里开始着手，怎么编制文献卡片，什么样的笔记是好笔记，设计论文的开头和结尾，论文当遵循的格式……在写作方面困扰学生的那些问题，本书都有解答，还附录了写作进度表和范文。

## 《非虚构的艺术》

《非虚构的艺术》，[美]基德尔、托德 著，黄红宇 译，上海译文出版社，2020年5月

基德尔（Tracy Kidder）毕业于哈佛，是一位作家，他的《新机器的灵魂》获1982年普利策奖（非虚构类），后来的作品屡屡斩获各种文学奖。托德（Richard Todd）毕业于斯坦福，做了几十年的编辑。两人共事近四十年，互相促进，为写出一本本好书殚思极虑。

初学写作者会问：如何写世界，写观念，写自己？基德尔、托德二人合著的《非虚构的艺术》很好地回答了这个问题，这是一位作家与一位编辑切磋琢磨而成的经验集，也是二人多年情谊的见证。

新世纪以来，世界越来越快，快得都成碎片了。一个字一个字写着的作家，赶不上每秒二十四帧的电影，更赶不上短视频和种种即时通信工具，然而作家没有必要去追赶，因为阅读与写作乃是慢的艺术，这种艺术是通往明晰思想和丰富情感的最佳路线。

读了这本书，你就知道什么样的开头是恰当的，知道叙事的视角、

故事结构的安排，也知道写作的风格问题……书里有一句话说得好："每个故事都得被发现两次，第一次是在这世上，第二次是在作者的案头。通过建构一个故事，作者重新发现了它……它是透过一粒沙子看世界的方式。可是，这不是一粒随随便便的沙子。一个故事活在它的细节里，活在人物、地点和时间的独特中。"

五

《动物农场》
精读示例

## 作品与作家

《动物农场》，一看书名就知道这是一本动物小说，小说出版后，很自然地被放在儿童读物区。那段时间，奥威尔从伦敦的一家书店跑到另一家书店，忙着做同一件事，就是把新上架的《动物农场》从儿童故事的书架上搬到成人小说的书架上。直到今天，很多人也还以为这是一本写给小孩子看的动物小说，没错，这本书适合小孩子，但我们要知道，这本书适合所有年龄段的读者，小孩子、青少年、中老年人都会喜欢这本书，比如年过花甲的贺卫方教授就特别喜欢《动物农场》，搜集了各种版本的《动物农场》。这不单单是一本寻常的动物小说，里面所涉及的内容与社会相关，也和政治有紧密的联系，这本薄薄的一百来页的小书，就像一个迷你的红外夜视仪，透过它，某些暗中的景象一下子就变得清晰可见了。

奥威尔构思这个故事大概花了六年，因为战争和日常生计问题，一直没有闲暇来写，1943年，他辞去了BBC的工作，担任《论坛报》的编辑，一周上班三天，这才有了自由写书的时间，从1943年11月开始，到1944年2月完稿，想了六年，写了四个月。

如今我们能读到这本书实属幸运，要知道，这本书的手稿差一点被德国人炸毁。1944年6月,德国人改用巡航导弹(V-1导弹)轰炸伦敦,7月28日,奥威尔的公寓被导弹击中,他的书大部分都被炸飞了,但《动物农场》的手稿在炮轰中留存下来,纸张竟然完好无损,只是被弄皱了一点而已。

这本书的出版也历经坎坷,前前后后投稿五次,前四家出版社都把稿件退回了,退稿理由各不相同,有的担心这本书批评苏联,会影响英国和苏联的关系(当时英、苏是盟友);有的觉得动物故事没有市场;还有的说这本书太薄了,估计没什么利润……第五次投稿,送到了著名诗人T.S.艾略特的手里,他当时是法贝儿兄弟出版社的编辑——艾略特后来得了诺贝尔文学奖,他的《荒原》《四个四重奏》等诗都很有名——非常遗憾,一位伟大的诗人错过了一部伟大的现代小说,这是第五次被退稿。最后有一家名叫Becker & Warburg的小出版社接受了这本书,在1945年8月出版。

《动物农场》出版的前前后后,正是世界历史的一段关键期,就在这几个月里,罗斯福总统突发脑溢血而去世,墨索里尼被处死,希特勒自杀,丘吉尔参加选举失败,德国投降,美国用两颗原子弹轰炸广岛和长崎,日本天皇宣布投降……从时间上来看,也许甚至可以这样说,随着《动物农场》的出版,第二次世界大战结束了,多有意思的一个巧合呀。请想一想书和战争的关系——焚书坑儒,战争会焚毁书籍;反过来,一本书也可以总结一场战争,甚至终结一场战争。书籍,确实是人类和平、文明与智慧的象征。

《动物农场》出版后是如此受欢迎,连英国王室都派使者来出版社要书,出版社已经没有库存了,王室的使者只能去红狮街的一家书店买。1988年,《动物农场》首次在中国大陆出版,如今中文译本已有几十种,我们选用的是翻译家傅惟慈先生的译本。

奥威尔写过一篇文章《我为什么要写作》,说在五六岁的时候他就知道自己以后要当一个作家。奥威尔的父亲在印度殖民地政府任职,奥威尔出生在孟加拉的莫蒂哈里,后来随母亲回英国,家境一般,努力争取到奖学金就读伊顿公学,十八岁从伊顿毕业后本可以升入牛津或剑桥大学,他却不顾家人的反对,选择了去缅甸当警察,在那里服役五年后,他又一次不顾家人的反对,辞了职,体验生活,专心写作,就这样过了整整十五年的穷日子。他好像有一种赎罪心态,觉得作家之路就应当是一条贫困之路,直到1942年他去BBC工作,薪水才恢复到他在缅甸的水平。

在《我的简历》里,奥威尔这样介绍自己:"我回欧洲以后,在巴黎生活了大约一年半,写没有人愿意出版的长篇小说和短篇故事。钱用完后,我有好几年过着相当艰苦的贫穷生活,在这期间,我洗过盘子,当过家庭教师,在蹩脚的私立学校里教过书。我还在伦敦一家书店里干过一年多的半日工店员。这项工作本身很有意思,但是缺点是我非住在伦敦不可,而我厌恶伦敦。到了一九三五年左右,我能够靠写作收入生活了,该年年底,我搬到乡下,开了一家小杂货铺。它的收支只能勉强相抵……我于一九三六年夏季结了婚。年底我去西班牙参加内战,我的妻子不久就跟了来。我在阿拉贡前线为P.O.U.M的民兵组织服役四个月,受了重伤,幸而没有严重的后遗症。在此以后,除了在摩洛哥过了一个冬季以外,我不敢说还做了什么事情，只是写书和养鸡种菜而已。"①

  1945年《动物农场》出版后，版税收入较多，生活宽裕起来，他移居到苏格兰西海岸的朱尔岛上，过着农场生活，一边劳动，一边写他的另一本小说《一九八四》，可惜因为长期的肺病，奥威尔在1950年就去世了，年仅四十六岁。

---

① ［英］乔治·奥威尔：《英国式谋杀的衰落》，董乐山译，上海译文出版社，2007年6月版，第191—192页。

## 角色表

- 老少校：灰白色大公猪，在农场里声望极高
- 雪　球：年轻的公猪，学习能力强，点子多
- 拿破仑：年轻的公猪（伯克夏种），寡言，拗性子
- 尖　嗓：年轻的公猪，擅长说服
- 拳击手：公辕马，鼻梁上有一道白，高大健壮
- 苜　蓿：母辕马，生过四胎马驹
- 茉　莉：小母马，平时给琼斯拉双轮车
- 穆瑞尔：白山羊
- 本杰明：老毛驴，话不多，从来不笑
- 摩　西：琼斯驯养的乌鸦，宣传糖果山
- 蓝铃花、杰西：两条母狗，后来生下九条小狗
- 品彻尔：公狗
- 琼斯夫妇：庄园农场主人
- 皮尔京顿：狸林农场主人
- 弗里德利克：狭地农场主人
- 温佩尔：威灵顿律师，贸易中间人

## 中英文"七戒"

| ◇七戒 The Seven Commandments ||
|---|---|
| 一、凡用两条腿走路的都是敌人。 | 1. Whatever goes upon two legs is an enemy. |
| 二、凡用四条腿走路或者有翅膀的都是朋友。 | 2. Whatever goes upon four legs, or has wings, is a friend. |
| 三、一切动物都不许穿衣服。 | 3. No animal shall wear clothes. |
| 四、一切动物都不许睡床铺。 | 4. No animal shall sleep in a bed. |
| 五、一切动物都不许喝酒。 | 5. No animal shall drink alcohol. |
| 六、一切动物都不许杀害其他动物。 | 6. No animal shall kill any other animal. |
| 七、所有动物都是平等的。 | 7. All animals are equal. |

## 情节大略

• 第一章

三月初,动物们深夜集会,听老少校讲述多年思考所得:动物们受苦受难是因为人类的暴虐,想要过上好日子,必须推翻人类的统治。老少校教唱《英格兰牲畜之歌》,告诉大家,牲畜们将有一个金光灿烂的明天。

• 第二章

老少校去世后,他的教导被继承者坚持和发展为一套动物主义思想,深夜的谷仓集会每周都有,三口猪向动物们普及这套思想。琼斯一味酗酒,虐待动物,六月二十四日,饥饿的动物们造反了,一举赶走了琼斯夫妇和雇工们,翻身做主人。动物们登山眺望,感受革命的喜悦,把"庄园农场"改名为"动物农场"。雪球和拿破仑将动物主义思想精简为七条戒律,用大字刷在墙上。

• 第三章

动物们齐心协力,农场的丰收前所未有。每个礼拜天升旗后,动物们在谷仓大集会，制订下一周的工作计划，然而两位领导的意见从不一致。雪球成立了好几个动物委员会和阅读小组等，拿破仑抱走了九条小狗亲自去教育。牛奶和苹果全部由猪享受。

### ·第四章

各地的农场掀起了造反的浪潮，毗邻的狸林、狭地农场主人也惴惴不安。十月十二日，琼斯带着工人们进攻农场，试图收复失地，动物们在雪球的领导下击溃入侵者，此役大获全胜，史称"牛棚战役"。

### ·第五章

苜蓿找茉莉谈话之后，茉莉就失踪了——她投奔了一个酒吧老板。农场两位领导的分歧越来越大，第二年春耕前后，雪球拟订了造风车的详细方案，正要动物大会投票表决时，拿破仑放出九条大狗，把雪球赶出了农场。随即宣布取消民主投票，所有事宜都由猪组成的特别委员会决定，尖嗓到农场各处向动物们宣讲新政策。几周后，拿破仑重启风车计划，根据尖嗓的解释，风车的图纸是雪球从拿破仑那里剽窃来的。

### ·第六章

在第二年，动物们拼死拼活每周工作六十小时，干农活加上采石造风车。造风车需要物资，拿破仑宣布了贸易新政，中间人温佩尔每周一次进入农场。群猪搬到琼斯的房子里去住了，第四戒的文字被改动。大风在深夜刮倒造了一半的风车，拿破仑宣布这是雪球的破坏，当天就开始重建风车。

### · 第七章

到了第三年，动物们继续苦苦重建风车，粮食短缺了，但拿破仑制造粮食满仓的假象，他的命令通常让尖嗓下达。母鸡不愿交出鸡蛋去卖，坚持反抗了五天，被拿破仑镇压。丑化雪球的谣言越来越多，拳击手为雪球辩白了几句，因此受到攻击。拿破仑召开审判大会，好些动物坦白罪状，旋即处决。血腥的大清洗后，动物们再次登高远眺，哀伤地唱起《英格兰牲畜之歌》，却听尖嗓说这首歌已经被禁了。

### · 第八章

第六戒的文字好像有变化。第三年的工作强度更大而动物们吃得更差了，对拿破仑不能直呼其名，正式的称呼是"我们的领袖拿破仑同志"。风车如期完成，动物们精疲力尽。弗里德利克竟用假钞骗取了农场的木料，拿破仑宣布他死刑，他带着一批人进攻农场，炸毁了风车，动物们在悲愤中冒死击退了入侵者。此役名为"风车战役"，猪们喝酒庆祝算不上胜利的胜利。几天后，第五戒的文字也变了。

### · 第九章

第四年，动物们的生活每况愈下，饥寒交迫，劳动无休。群猪则越来越胖了，他们酿酒，安排庆祝游行，宣布成立共和国，拿破仑全票当选。消失了几年的乌鸦摩西又回来了。风车第三次重建中，拳击手拉石头时被压伤，几天后被一辆运货的大马车拉走，车上写着"屠马人兼熬胶工……"，几天后，尖嗓通知大家：拳击手在威灵顿医院病逝。猪不知从哪里弄到一笔钱，买了一箱威士忌。

## ·第十章

年复一年，许多动物都不在了，苜蓿、本杰明老了，琼斯也告别了人世。动物农场出人意料地兴旺发达，猪和狗越来越多。风车终于建成了，第二架又开工了，动物们的生活还是老样子，又苦又累。某个初夏，猪开始直立行走，前蹄夹着鞭子，墙上再无"七戒"，只写着一条："所有的动物都是平等的，但有些动物比其他动物更平等。"某日，皮尔京顿为首的代表团参观农场后，与接待方一起玩牌、把酒言欢，拿破仑宣布废除"动物农场"一名，恢复为"庄园农场"。

# 教学简案

## 读书课《动物农场》简案（60分钟）

**课前准备**

统一使用傅惟慈译本，认真阅读《动物农场》两遍，背诵书中的"七戒"，自带此书进课堂。

### 一、角色辨认（5分钟）

1. 呈现动物群像插图，认一认上面分别是谁。

2. 适时追问：还少了谁？谁最先去世？到了最后一章哪几位还活着？

3. 朗读第十章第一、二节（年复一年地流逝……），了解动物们的结局。

### 二、情节回顾（15分钟）

1. 对照目录，梳理小说时间（前四章第一年，第五、六章第二年，第七、八章第三年，第九章第四年）。

《动物农场》 芊祎/绘

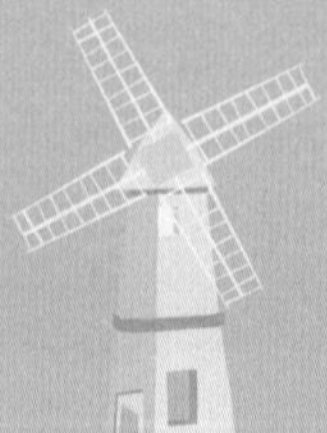

2. 翻书温习两三分钟，找一找：读到"这个地方"，我吃了一惊。

3. 问问同桌：让你吃惊的是哪个段落？随后班级交流，邀二三生发言，师酌情回应。

### 三、"七戒"研究（15分钟）

1. 三步骤：温习"七戒"，齐诵，单独背诵。

2. 依次问答，明确："七戒"的思想源于谁？"七戒"的制订者、书写者分别是谁？

3. 提问与追问

①七条戒律，最先被篡改的是第几条？

②接着又有哪几条被篡改？

③最后"七戒"变成了什么模样？

④"所有动物都是平等的，但有些动物比其他动物更平等"，你是如何理解的？

### 四、影片呈现、角色分析（10分钟）

1. 观影（47:00—53:00），*Animal Farm*（1999），John Stephenson 导演

2. 请用一个词语来评价拿破仑。

3. 对照第八章第四节，思考：动物们对拿破仑的称呼，为什么与我们对他的评价如此不同？

4. 小结：他们是亲历者，身陷其中；我们是旁观者，身处局外。

## 五、行动方案（15分钟）

1. 一个不幸的假设：如果你生来就在动物农场，接下来，你有怎样的行动方案？
2. 思考，书写，小组讨论，上台板书，班级交流。

**课后思考**

① "七戒"被打破，有显性的，也有隐性的。在文字上被篡改的有三条（显性的），事实上的违反（隐性的）则更早，想一想，在事实上最先被打破的是第几条？

② 第七章的审判大会，既然招供的结果是立即处死，为什么动物们还要前赴后继地主动坦白？

# 写作课《我的自白》简案

## 一、教学设想

《动物农场》读书课,师生一起辨认角色,回顾主要情节,梳理小说时间,研究从"七戒"到"一戒"的过程,结合影片片段聚焦于主角拿破仑并做性格分析,最后将读者引入小说情境,探讨了突破的种种可能性。

一部小说就是一个小小宇宙,由此而生的写作方案是层出不穷的,每个人都可以有属于自己的大胆设计。这节写作课,是以读书课为基础的创意写作,趣味至上,现场一气呵成,当堂交流,能体会到阅读、写作、思考与评论的乐趣。要求以《动物农场》中的某个角色,作为本次写作的素材,根据小说提供的情境,挖掘其内心所思所想,有以下几个优点:

1. 四百字的字数下限,属于轻量级的写作,写得轻松,写得乐意。

2. 可以培养从心理层面塑造角色的能力,呈现其性格特征与心理因素。

3. "我的自白"并非写作者的自白,而是某个小说角色的自白,难度较低,容易有话说。

4. 小说情节的确定，为学生的下笔设定一个界限，避免过于离谱与失真；倘若这种情况发生，可以在后续的讨论中救济与归正。

## 二、写作要求

1. 从《动物农场》的角色中，选择自己熟悉的一个，根据其性格特点，写一篇《我的自白》。

2. 在这篇自白中，该角色不得不透露一个与平时的公众形象或名誉不相称的秘密。

3. 形式（三选一）：他的日记，晚年回忆录里的一章，一次不为人知的私下聊天。

4. 字数：400—600字。

## 三、教学过程（共90分钟）

1. 回顾小说情节与角色，适当预热（10分钟）。

2. 讲解写作规则（5分钟）。

3. 当堂写作（30分钟）。

4. 小组交流、全班研讨（45分钟）。

## 课堂一瞥：《动物农场》读书课

时间：2014年11月26日

地点：杭州政法街139号

班级：临平职业高级中学高一计算机班

注：这节课时长约55分钟，此处选录最后17分钟，为课堂第五部分。

### 五、行动方案（38：00—54：35）

师：我们来做一个假设——假如你生来就在动物农场，失去了那种身处局外的旁观与庆幸，生活的悲惨是可想而知的——在这种情况下，请问各位，你有怎样的行动方案？

（众生安静，38：37—38：43）

师：想一想，如果你不幸是农场中的一只动物，你打算怎么做？

（众生默想，师漫步全场，38：58-39：08）

师：好，请拿起笔来，在笔记本上或这本书的空白处，简要地写一句话或一个词，记录你的行动方案的要点，"我打算这样做"，请把行动方案用简单的语言写下来。

（学生动笔，师漫步全场，查看写作进程，39：40—40：24）

师：要避免含混不清。设想你真的在这种悲惨的处境中，必须得采取一些行动，你必须得……（低头查看学生所写的）有同学在想一些很可怕的计划。

（众生笑，继续动笔到40：50）

师：好，我们有一点交流时间，（示意分组）四人小组为单位，讨论一下。

（四人小组讨论，师也参与到小组讨论中，41：01—42：00）

师：（击掌示意小组讨论暂停）我补充两点。要明确，你是底层动物，不是猪阶层的，这是第一点。

（众生笑）

师：第二点，接下来的讨论时间，希望小组内能达成共识，形成代表小组最高水准的答案。（示意继续）好，继续讨论。

（小组讨论，有四位同学陆续上台板书方案，42：20—45：25）

（板书内容：暗杀、教育文化程度不高的动物、组建一个反抗组织、夺权）

师：（击掌示意停止）好，请各位转过来。刚才大家分组讨论了，我也参与到几个小组的讨论中，随意邀请了几个小组代表在黑板上呈现了他们的想法，有请他们来解释一下：为什么定了这样的方案。我们先来听听"暗杀"方案。

（众生笑）

暗杀组发言人：我们是最低等的嘛，（众生笑）如果不暗杀的话，我们就会受拿破仑的欺压，被他统治，那还不如跟他拼了，（众生笑）

然后就可以平等了。

师：请坐，（示意）同桌补充，你们打算用怎样的暗杀方式，怎样的行动计划？

暗杀组发言人二：我认为吧，他不是要两条腿走路嘛，经常练习，直接冲上去就把他干掉了。（众大笑）

师：趁着他胸腹大开，找一个刺杀的机会。

暗杀组发言人二：是的。

师：请坐，（示意）后面两位，如果这个作为A计划的话，有没有备选的B计划？（暗杀组同学摇头）

师：目前只想到这个刺杀方案。确实，在历史上，面对独裁者，有人采用过刺杀行动。我们知道在博浪沙，张良刺秦王；也有人刺杀希特勒，一位名叫朋霍费尔的牧师组织了一个小分队，当然……

众生：肯定失败了。

师：刺杀行动要承担很大的风险，而且这个小组的同学特别要考虑到，在拿破仑身边永远都有——

众生：九条狗。

师：（点头）很难对付。这是一个勇敢的方案，但操作起来有难度。好，接着来听一听关于"夺权"的方案，请解释一下。

夺权组发言人：是这样的，低等动物可以先做那些猪的附庸，慢慢抬高自己的地位，培养自己的手下，一步步地架空拿破仑与那群猪的权力，组织人民，引导人民来对付暴君。

（众生鼓掌）

师：请坐，（示意）同桌补充，我希望听到更具体的做法。

夺权组发言人二：先去当猪的手下，帮他们干点事；然后说服低等动物加入我们，一起反抗……提高自己的实力，削弱猪的权力，再去把拿破仑弄死。

（众生笑）

师：听了第二小组的方案，发现这是一个卧薪尝胆的长期潜伏的计划。

众生：需要忍耐。

师：如果说刺杀方案是毕其功于一役的话，瞬间处理，一天解决；这个夺权方案，估计是漫长的一个过程，费时良久，操作起来也挺有难度。（示意黑板）有个小组写的是"组建一个反抗组织"。

（众生笑）

师：（示意发言）来，站起来解释一下。

反抗组发言人：先取得百姓的信任，然后组建一个反抗政权，地下党之类的，最后形成一个消灭拿破仑的计划。

师：就这样？请坐。（示意）同桌，补充一下。

反抗组发言人二：跟那些刺杀组的低等动物打好关系，（众生笑）把他们组织起来一起反抗，就是这样。

师：请坐。我们在第三小组的发言中，看到了组织的力量，发动群众，营建分会，诸如此类，总之是联合起来变得强大，再来推翻拿破仑的暴政。（示意黑板，画出"教育文化程度不高的动物"）这句话很有意思，我们来听听解释。

教育组发言人：既然在农场里生活，那就必须让自己有智慧，单单自己有力量是不够的，那些文化程度不高的，要教会他们怎样做，让他们知道事情的真相，进行一种长期的反抗。

师：请坐。第四小组的发言，最后一个词语用的是"反抗"，大家有没有发现，在黑板上所罗列的这几种方案里，第四小组方案，虽也是反抗，然而是怎样的一种反抗？

（某生：温柔的反抗。某生：和平的反抗。）

师：有人说是温柔的反抗，不错。

（众生笑）

师：说得很好，有没有刀光剑影？

众生：没有。

师：有没有匕首？

众生：没有。

师：有没有武器？

众生：没有。

师：是什么样的反抗？

众生：知识。

师：知识的反抗，用现代常规的语言，是一种——

众生：思想性的。

师：对，思想性的，非暴力反抗。另外的几个方案，暗杀方案、夺权方案和组建一个反抗组织，很明显这是怎样的反抗？

众生：武力。

师：武力的反抗。反抗有两种形式，如果你是农场的动物，当然要反抗——我看到极个别同学写着：自杀算了，（众生笑）生不如死啊——大部分动物选择反抗，要知道反抗有两种不同的形式：有暴力的反抗，也有非暴力的反抗。

顺着第四组同学的发言，大家在课后了解一下圣雄甘地，印度的国父，他组织人民奉行非暴力反抗，英国军队拿着棍子在前面等着，但他们依然一个一个走上去让对方打——很奇怪，这不是太懦弱了吗，有什么用呢？竟然产生了决定性的影响，温柔的反抗很有力量！到底是刺杀有力量呢，还是温柔更有力量呢？这是一个值得思考的问题。今天就讲到这里，下课，同学们再见。

众生：老师再见。

# 每章精读

## · 第一章（上）：开会

### 1. 小说开始的时间

每一本小说都是从一个时代里生长出来的，有的小说有很好的弹跳力，能从自己的时代纵身一跃，腾空翻向未来，奥威尔的《一九八四》写于 1948 年，直接以年代为书名，只不过把后两个数字互换了位置，往前快进了三十六年。如今已是二十一世纪了，在今天来读他的书，读者会惊叹奥威尔简直就是一个预言家，《一九八四》《动物农场》里的许多场景，都会让人拍案称奇。

小说创作的时间，不等于小说里的时间。当我们打开一本小说，一页一页翻阅的时候，要记得问问自己：这个故事发生在什么时代？这个故事持续的时间有多久？这个故事始于一天中的哪个时刻？时代、时长、时刻，关于小说时间的这三个要点，有时是打开小说密码锁的三个关键刻度。

从时代来看，《动物农场》的故事发生在现代，因为里面提到了电灯、风力发电、报刊等等，毫无疑问，这些都是现代社会的产物。

从时长来看，从第一章开始到第十章结束，讲述这群动物们光荣与梦想，奋斗与挣扎，种种经历加在一起，时长大约是七年。至于这七年的时间是如何推算出来的，读到最后一章，你就明白了。

从时刻来看，小说的一开头就写道，庄园农场的琼斯先生锁好几间鸡棚准备过夜，他喝多了，走路东倒西歪，手里一盏提灯的光圈也随着摇摇晃晃……可见，这是一个开始于深夜的故事。

请回忆一下自己熟悉的几个故事，想一想《小王子》，小王子的出场是在一天里的什么时候？书里写道："当天蒙蒙亮，有个奇怪的声音轻轻把我喊醒的时候，你们可以想象我有多么惊讶。这个声音说：对不起……请给我画只绵羊！"可见，小王子的出场是在黎明，破晓时分（这一点很要紧），小王子是和第一缕阳光一起出现的。

那么《绿野仙踪》呢，一开头的那场超级龙卷风是什么时候来的？"亨利叔叔坐在门槛上，焦虑地望着比往常灰暗的天空，多萝西抱着托托站在门里，也抬眼朝天空望。艾姆婶婶在洗盘子。远远的北方传来一阵低沉的、呼啸的风声，亨利叔叔和多萝西看见长长的茅草在风暴来临前像波浪一样翻滚起伏……"虽然读者不能确定是上午还是下午，但可以肯定的是，龙卷风是在白天的时候卷到了堪萨斯——《绿野仙踪》是一个在白天发生的故事；而当多萝西从奥兹国乘风回到堪萨斯大草原的时候，依然是在白天。《绿野仙踪》从白天开始，也在白天结束。

也许你读过莎士比亚的《哈姆雷特》，第一幕第一场，城堡守夜的卫兵见到了鬼魂的来临；鲁迅《狂人日记》正文的第一句是"今天晚上，很好的月光"，同样在深夜里开始的。这样看来，《动物农场》

的故事,翻开第一页就有一种暗黑感,潜藏着说不清道不明的某种幽暗意识,可能会有点刺激,就像《哈姆雷特》和《狂人日记》一样。

## 2. 小说的开头

读小说,除了要留意时间,还要特别注意小说的开头和结尾,一头一尾最能见出一个作家的功力。

《红楼梦》的开头是曹雪芹直接对着读者说话,当面交流的感觉很亲切:"列位看官:你道此书从何而来?说起根由虽近荒唐,细按则深有趣味。待在下将此来历注明,方使阅者了然不惑。"

《三国演义》的开头,是杨慎的一首《临江仙》:"滚滚长江东逝水,浪花淘尽英雄。是非成败转头空。青山依旧在,几度夕阳红。白发渔樵江渚上,惯看秋月春风。一壶浊酒喜相逢。古今多少事,都付笑谈中。"

中国古典小说很喜欢用诗词开头,《西游记》和《水浒传》也都是用一首诗开头的。

来看看《动物农场》的开头,是这样写的——

"庄园农场的琼斯先生锁好几间鸡棚准备过夜,只是这一天他喝得烂醉,竟忘记关上那几扇小门了。他东倒西歪地走过院子,手中一盏提灯的光圈也随着摇摇晃晃。走进后门,他把靴子甩掉,又从放在洗碗间的酒桶里给自己倒了这一天的最后一杯啤酒,就爬上床去。这时琼斯太太早已在那儿打呼噜了。"

来来回回细读几遍,不难看出几分端倪:

第一,鸡棚需要上锁,看来农场有点不太安全。因为鸡在夜间一般不会外出，锁鸡棚为了防止入侵，要么是防止偷鸡贼，要么就是防止狐狸之类的动物。

第二，琼斯先生已经烂醉，还要再来一杯，可见他饮酒不能自控，一个在饮酒方面缺乏自制力的人，在生活的其他方面也会缺乏管理能力，估计这个农场并非管理得井井有条。

第三，"倒了这一天的最后一杯啤酒，就爬上床去"，看来不是喝完了酒再上床睡觉，而是带着一杯酒在床上喝。这不是一个好习惯，根据动作的流畅程度来看，显然不止一次两次了。

第四，"这时琼斯太太早已在那儿打呼噜了"，琼斯太太已入睡好一段时间了，并没有等到丈夫来就寝，这个场景的隐含意味是，这对夫妻并非琴瑟和谐，感情有些钝化了。另外，睡觉打呼噜，估计琼斯太太不年轻了，也许还有点发胖。

第五，许多写农场的小说，如《农庄男孩》《小红马》《夏洛的网》《胡萝卜须》，里面都有小孩。琼斯夫妇的孩子们已经长大成人，离开了农场，如今这是一个没有小孩子的农场。

总而言之，农场主人琼斯夫妇的家庭生活，有点缺乏生机，缺乏乐趣。

### 3. 谈艺录Ⅰ：人物出场方式

小说或叙事类散文，常常会写到人物，那就得考虑人物的出场方式。作品里的人物如果不止一位，那么有两种出场方式可以选择：一种是李尔王式，一种是小王子式。

《李尔王》是莎士比亚的名剧，在第一幕第一场，莎士比亚就安排了王宫中的大厅,让九个主要角色都登台了,李尔王和他的三个女儿,两个女婿,葛罗斯特伯爵和他的儿子爱德蒙,忠心耿耿的肯特伯爵……李尔王式,换句话说,就是一锅端,可以让读者在第一时间就有整体的印象,也可以让错综复杂的情节立即展开,交织成一幅绚烂的图景。

《小王子》则不一样,首先出场的是"我",一个飞行员,飞机出了意外,迫降在沙漠里,忙着修飞机修了好几天……然后才出现了小王子,小王子慢慢地说起自己的故事,读者这才渐渐知道B612星球上的那朵玫瑰,其他行星上的国王、商人、酒鬼、地理学家等等,这些人物依次一个一个地登场,出现在读者面前。如果把李尔王式的人物出场称之为一锅端,那么小王子式的就是一线牵,一线牵的好处是不紧不慢,娓娓道来,让读者在不同的时段关注不同的对象,不至于眼花缭乱。

《动物农场》中角色的出场方式是哪一种呢?显然是李尔王式的。第一章的主题是开会,既然老少校宣布要开会,那么大家就都得到谷仓参加会议,很自然的,全体到场就是全体亮相了。

"首先来的是三条狗——蓝铃花、杰西和品彻尔。接着是一群猪……一些母鸡栖在窗台上。鸽子落到椽子上扑棱着翅膀。绵羊和奶牛在猪后面,开始倒嚼。两匹辕马,拳击手和苜蓿,并肩走进来……在两匹驾车的辕马之后,进来的是白山羊穆瑞尔和毛驴本杰明……两匹马刚刚卧下,就走进一窝没有了母亲的小鸭子……小白母马茉莉直到聚会快开始才来……最后到谷仓来的是农场的老猫……"

### 4. 群像里的详与略

小说家有点像裁缝，因为小说是剪裁的艺术。所谓剪裁，就是合理地使用有限的材料，安排好详与略。第一章的谷仓里，除了一只乌鸦，全体动物都到场了，这么多动物，有些是主角，有些是配角，有些是连名字都没有的群众演员。

是不是应当在主要角色身上使用较多的笔墨呢？是的。可以看到，灰白色的大公猪老少校，三匹马（拳击手、苜蓿、茉莉），毛驴本杰明，这五个角色是详写的，读者闭上眼睛仿佛就能看到他们，奥威尔的用笔很高明。写好一个角色要兼顾两个方面，一方面是形象，另一方面是语言与行动。形象的勾勒，能让读者知道角色的外表；语言与行动，能让读者了解角色的动机与情绪、性格与心理等内在因素。

以苜蓿为例，外在形象是这样写的，苜蓿"是一匹粗壮的中年母马，在生过第四胎马驹之后，就没能再恢复原来美丽的体型"；她的行动呢，一窝没有了母亲的小鸭子走了进来，苜蓿"伸出两只前腿围成一道像是围墙似的屏障"，让小鸭子们在里面很安全，不会被其他动物踩踏——苜蓿的细致的爱和怜悯之心，就这样呈现出来了。

小说原理和生活原理是相通的，周围的人熟悉你的面貌，但不一定了解你的性格为人，别人是怎么了解你的呢？就是用孔子所说的，"今吾于人也，听其言而观其行"，也就是说，你得通过言语和行动，活出自己理想的生命。小说是虚构的，然而读一本优秀的虚构小说，可以帮助我们认识自我，在真实的生活中获得一些启发和引导。

奥威尔对各种动物都相当了解，他写那只猫咪，寥寥几行，写得多么好，"最后到谷仓来的是农场的老猫。她像平常一样首先四处寻望一下，给自己找一个最暖和的地方。最后她挤到拳击手和苜蓿两匹马中间。在少校讲话的时候，从头到尾，她一直咪唔咪唔地打呼噜，根本没听进一句话"，养过猫的人读到这几行，都要会心而笑，文学能带给人许多快乐。

最后有两道思考题：

第一，翻一翻《动物农场》的结尾，想一想，这部小说是在一天里的什么时候结束的？

第二，单单就以小说的前三页来判断，驴和马的友谊深不深？

## ·第一章（下）：说梦

### 1. 驴与马的友谊

看过结尾，你就知道《动物农场》结束的时候是好几年之后，某一天的夜晚。如果你打算把《动物农场》画出来，画一个系列，那么开头和结尾的色调是偏黑的，因为整本书从一个夜晚开始，也在一个夜晚结束。

上一讲还说到拳击手和本杰明经常在小牧场上一起度过礼拜天，肩并肩地吃草，可彼此都不说话。这两位朋友的友谊深不深呢？如果我们一直读到后面，当然会知道他俩简直亲如手足；如果我们有足够的生活经验，单单看这个并肩吃草的场景，也可以得出同样的结论：感情很深。

为什么呢？有几个判断标准。

第一，马和驴经常一起共度周末，农场里的动物何其多也，为什么单单选择了这位朋友？可见他们彼此欣赏，友谊的一个指标就是相互陪伴，在一起共度的时光。

第二，他俩一起肩并肩地吃草，在闲暇时间常常聚餐的人，往往是生活里的好朋友。

第三，他们在一起的时候不说话。请回顾一下自己的交友经验，不难发现，与好朋友在一起的时候，有的时候说个不停，但沉默的时光却更加美好。默默无言的共度，只能发生在知心朋友之间，究其原因，是因为彼此深深了解，所以不再依赖积极交流（说话），只需节俭含蓄的消极交流（无言）就足够了——相视而笑，莫逆于心，形容的就是这种状态。奥威尔真的很懂友谊的精髓，D.J. 泰勒《奥威尔传》里说奥威尔有一种不太常见的能力，能保留人生早期结识的朋友，这种能力也帮助了他的写作，他只用了寥寥几笔，就把马和驴的友谊写得这么传神。

### 2. 上半场演讲的得与失

第一章的后半部分是老少校的发言，发言分为前半场和后半场，中场休息是因为几只老鼠的出现。

老少校的发言的主题是说梦，不过在前半场里，他没有说梦，而是在论史。为什么要召开这次会议？直接的起因是老少校很老了，自知死期不远，在临死之前，他要传递自己一生的经验和智慧，老少校有点像一个记忆传授人。

老少校的发言,有几个要点:首先,动物的一生是苦难和奴役的一生;其次,动物们苦难的根源,在于人类的剥削;再次,动物们要获得自由和幸福,必须推翻人类的统治;最后,这是一场长期的斗争,需要子孙后代前赴后继。

他的发言之所以有感召力,不单是因为提前颁布预告,让听众期待已久,也不单是一开场就传递自己的死讯(猪之将死,其言也善),更因为长期思考后的顿悟,含有一种闪电般的洞见,瞬间照亮了黑暗时代的农场生活。他向动物们传递了一种黑暗中的思想之光,他的"头顶上悬着一盏吊在房梁上的油灯",仿佛是光明思想的一个象征,无论在什么时候,思想的传递总是很有吸引力的。

他的发言之所以有感召力,还出于他对听众的了解,听众都是他朝夕相处的伙伴,那些作为论据的材料,都直接取自现场听众们的亲身经历,老少校指名道姓地说:"你们这几头奶牛,过去一年间你们生产了几千加仑的牛奶啊!这些奶本应用来哺育健壮的牛犊的,可是现在都跑到哪儿去了?每一滴都流进咱们仇敌的喉咙里去了。你们这些母鸡,过去一年间,你们生产了多少蛋啊!可是用来孵化出鸡雏的有多少只呢?剩下的都拿到市场上被琼斯和他的伙计们换成钱了。还有你,苜蓿,你生的那四匹马驹都到哪儿去了……拳击手,只要你那强健的肌肉力气一消失,琼斯就要把你卖给屠杀牲口的人……"倘若你我是在现场的听众,我们肯定也会听得既扎心,又热血沸腾的。

你以后也一定会有演讲任务,不妨向老少校学习其中的要点:第一,提前渲染,让听众有所期待;第二,在演讲中放入自己,具备情感的力量；第三，了解你的听众，谈论他们所关心的内容；而最重要的一点是，你要深思熟虑，锤炼出一个有价值的观点，配合可信的材料，以恰当的方式传递给大家。

从人类的角度来看老少校的演讲，有没有说服力呢？总体而言是有道理的，但其中有一处是可以讨论的，老少校说："人是唯一只消费而不事生产的生物，他不会产奶，不会生蛋，他毫无体力，不能拉犁，他跑得不快，捉不到兔子。但是他却成了所有牲畜的主宰……"

这个说法显然有失偏颇，试想，农产品有许多是植物类的（稻麦、蔬菜、瓜果等等)，肯定是需要人的种植与照料的。除了产品之外，再从经济学的角度来看生产的定义，生产是针对市场需求而做的工作。以农场为例，经营一个农场不单单只是提供产品，还包含了其他重要的劳动，比如，要对未知的市场需求作出判断，资源的整合与可持续性，保证产品质量与数量的稳定，考虑交通与运输的问题，以及品牌与商标的保护等等，这些都是农场经营者的工作，人真的不事生产吗？身为人类的我们不能完全同意老少校的看法，不过动物们是百分百赞同的。

### 3. 下半场演讲：回忆未来

下半场的演讲可以用两个字概括：说梦。大家等了很久，终于听到老少校说，"同志们，现在我要给你们说说昨天夜里我做的梦了"，所有的听众都在期待着，不料接下来的一句是"我无法把梦里看见的描绘出来"，想必现场的动物们心里都是咯噔一下，等了半天等到现在，等来这么一个结果啊，那还说什么说呀。奥威尔笔下的幽默是英国式的，不动声色，只在上一句和下一句之间制造落差，幽默感由此而来，好读者要能捕捉到这些细微处的精妙。

想要说梦但描绘不出，不是奥威尔的发明，在西方文学上有过先例，《但以理书》里记载尼布甲尼撒王做了一个噩梦，心里烦乱，找人解梦，却对解梦的人说："梦，我已经忘了，你们若不将梦和梦的讲解告诉我，就必被凌迟，你们的房屋必成为粪堆。"请想一想，谁能说得出尼布甲尼撒王的梦呢，人们去求助于但以理，他是一位先知……中国文学里也有梦的传统，从庄周梦蝶，《列子》里的蕉鹿梦，《枕中记》里的黄粱一梦，曹雪芹的《红楼梦》，文学是有渊源脉络的。

读下去就可以看到老少校耍了一个花枪，虽然他说没法描绘出梦境，但是他在梦中得着了一首歌——歌词所唱的正是他所梦见的内容。

值得留意的是，老少校回忆起来的歌，是他小时候学会的，歌曲描绘的景象属于未来。也就是说，从中可以得出一对反常的组合：回忆未来。乍一听觉得奇怪，回忆往事是可以的，回忆未来怎么行？

孔子就常常回忆未来，孔子对未来的展望就是八个字："克己复礼，天下归仁。"礼从何而来呢，来自前朝的周公①，孔子常常梦见周公，有段时间没梦见，就会感叹："甚矣吾衰也！久矣吾不复梦见周公。"周公是周武王的弟弟，辅佐武王伐纣，武王去世后又佐周成王，

---

① 周公的名字很好记，叫姬旦，霸王别姬的姬，复旦大学的旦（姬是一条河的名字，我们都是炎黄子孙，相传黄帝就住在河边，所以黄帝姓姬；炎帝住在姜水边，所以炎帝姓姜。周朝的王是黄帝的后裔，都姓姬）。

制礼作乐，天下大治，周公是孔子最敬服的人。

　　回忆未来，意味着以美好的过去支撑起一个理想的未来，《动物农场》里的老少校就是如此，希望复兴一个过去的黄金时代。

### 4.《英格兰牲畜之歌》

　　这首歌共分七个小节，第一节和第七节几乎是一样的，都是传递一个喜讯（动物们会有一个金色的未来）。第二到第六节的内容是渐次递进的：推翻人类，挣脱锁链，生活富裕，精神自由，要为此奋斗与牺牲。歌中描绘的景象很有感召力，第五节描绘自由的感觉，尤其动人：

> 英格兰的田野一片光辉灿烂，
> 河流、池塘的饮水纯净又甘甜。
> 空中将吹拂温煦、新鲜的清风，
> 在我们牲畜获得自由的那一天。

　　自由的感觉非常美好，你我都曾经体验过这种感觉，落实到纸面上，应该怎么来写？把情感体验变成文字，不是一件容易的事。奥威尔做得很好，我们再来比较两则类似的段落，留心找一找，里面是否有一些共同不变的要素。

　　一则是法国哲学家加缪在《西西弗神话》里写的西西弗："当他又一次看到这大地的面貌，重新领略流水、阳光的抚爱，重新感受那温暖的石头、辽阔的大海的时候，他就再也不愿回到阴森的地狱中去了。冥王的召令、愤怒和警告都无济于事。他又在地球上生活了多年，面对起伏的山峦，奔腾的大海和大地的微笑，他又生活了多年。"①

另一则是一位记者所写的，他叫夏榆（跟鲁迅小说《药》里的主人公同名），他曾经当过矿工，吃了很多苦，他写道："后来，我开始过一种自由游走的生活，我在一座日照充足的城市穿行，享受着自然光泽的照耀。这种对很多人来说过于平凡的体验却让我倍加珍惜……我感到自己成了一泓流动的活水，我体验着自由生活自由思想自由写作的快活。这种生活使我感到前所未有的健康、舒服、丰沛。"②

请回顾一下《英格兰牲畜之歌》——英格兰的田野一片光辉灿烂，河流、池塘的饮水纯净义甘甜。空中将吹拂温煦、新鲜的清风，在我们牲畜获得自由的那一天——有没有发现？自由的几点基本要素：第一，阳光，自由的日子里一定有阳光，是温暖而明亮的；第二，流水，水在流动，流向远方，自由的生活是无拘束的，想去哪里就去哪里，自由感约等于流动感，往往在亲近自然的时候发生；第三，隐藏着的对比，这一点尤其重要，《西西弗神话》里的地狱，夏榆曾经做过苦工的矿井，《动物农场》人类的压迫，都是自由的对立面。只有摆脱了这些对立面，才能体验到自由。要记得，自由的幸福感，很大程度上来自与之前的黑暗生活的对比，对以往的痛苦感受越深，随之而来的自由感幸福感就越强烈。

---

① ［法］加缪：《西西弗神话》，杜小真译，上海译文出版社，2018年11月版，第119—120页。
② 夏榆：《白天遇见黑暗》自序，花城出版社，2006年4月版，第2页。

除了阳光、流水之外，奥威尔还加了一句"空中将吹拂温煦、新鲜的清风"，这种微风拂面的美好感受，中国诗人陶渊明也写过："常言五六月中，北窗下卧，遇凉风暂至，自谓是羲皇上人。"羲皇，伏羲氏，上古帝王，羲皇上人，就是在伏羲氏以前的古人。

总结一下，你要怎么写出自由感？苦难对比，加上阳光、流水和风。

以上所讲的是《英格兰牲畜之歌》的内容，接着来研究其形式，《英格兰牲畜之歌》是一首诗，诗是有音律的纯文学，是用精妙的语言来表现精妙的观感。提到诗，我们马上会想到要押韵，然而不同的语言，诗和韵的亲密度是不一样。古希腊的诗不押韵，英文诗里无韵的比押韵的要多，这是因为希腊语和英语轻重分明，节奏感强，所以不那么依赖韵脚。对于那些轻重不太分明的语言来说，押韵就很要紧了，但丁用佛罗伦萨方言写成的《神曲》是押韵的，法语诗和中文诗大部分都是押韵的——韵的功能是把涣散的音节联络成一个有节奏的整体。

来看这首诗第一节的原文：

> Beasts of England, beasts of Ireland,
> Beasts of every land and clime,
> Hearken to my joyful tidings
> Of the golden future time.
> ……

第二行、第四行是押韵的（clime、time），后面的六节也都是二、四行押韵，傅惟慈先生的译文，在中文中尽可能对应英文，这首诗第一节的四句，他译得很漂亮：

> 英格兰、爱尔兰、各个地方的
> 牲畜们，请大家听我言，
> 听我告诉你们一个喜讯：
> 我们的未来将像黄金般灿烂。

第二行最后一个"言"，和第四行最后一个字"烂"，保持韵脚一致。奥威尔原诗是每一节换一个韵（o'erthrown、alone, back、crack, hay、day, be、free, break、sake……），中文短诗常常是一韵到底，可能是考虑到这一点，译者全诗贯穿了一个 an 韵（推翻、良田、辔鞍、皮鞭、如山、美餐、甘甜、那一天、之前、流汗……）翻译不是一件容易的事，要考虑到方方面面，作为读者，要能体察译者的良苦用心，也能透过这一片苦心，领受原作者的意思。

书里说这首歌的调子介于 *Clementine* 和 *La Cucaracha* 之间。La Cucaracha 是墨西哥民谣，是一首关于蟑螂的歌曲，曲调是轻快的。Clementine 是一首美国民歌，Clementine 是一个小女孩的名字，她是加州淘金工人的女儿，不幸落水而死，这首歌唱的就是她的故事，很悲伤。Clementine 的曲调是你很熟悉的，就是中文歌《新年好》的旋律：新年好呀，新年好呀，祝贺大家新年好……不知怎么回事，一首悲伤的英文歌到了中国怎么变成贺新年的歌了，这中间的经过，值得去研究研究。

### 5. 一小段中场休息

老少校的发言占了第一章里的大部分内容，看完第一章再回过去翻一翻书，会看到他的发言分成了两个部分，为什么不是一气呵成的呢？因为被几只老鼠的出现打断了。这是第一种答案。如果有人再问一次：为什么不是一气呵成的呢？因为上半场在总结历史，下半场在展望未来，两个半场的重点不同。这是第二种答案。如果有人问第三次：为什么不是一气呵成的呢？因为发言太长，听众容易疲倦，读者也容易疲倦，老鼠的出现，让人能转移注意力，稍微放松一下，就像是一个课间休息。这是第三种答案。

以上三种答案都很好，是从不同的角度来回答这个问题，从中可以看出作家的匠心，通过一个巧妙的情节设置，让老鼠在一个恰当的时机出现，很自然地让老少校的发言分成了两个部分，读者也不会觉得疲倦。

请不要小看这段短短的中场休息，信息量也不小。

老少校提出一个动议，就老鼠是不是同志的问题，投票表决。"大会立刻进行表决，结果大多数动物同意应把老鼠看作同志。不同意的只有四票，三只狗和一只猫。后来动物们发现，老猫既投了赞成票又投了反对票。"

首先，老猫的矛盾行为是耐人寻味的，只有一句话，却让我们看到了老猫的一个性格侧面。这段中场休息中，作家没有浪费笔墨，一样地在塑造角色。

其次,一位英国作家不假思索写出来的句子,对于中国读者来说有别样的意义,动议、表决、投票……这是化在英格兰的空气里的。文明社会中政治组织的基本概念,各国宪法的源头,都可以追溯到英吉利宪法。在《动物农场》的这个小片段里,也可以看出英国的政治传统。

倘若要总结第一章,也许可以用两个"开"字:开会,开枪。动物们的一场大会,最终随着主人的枪声而结束。也可以用两个"梦"字来总结:入梦,说梦。主人入梦了,动物们就开始说梦了;主人被吵醒了,开了枪,顷刻之间,整个农场都进入了梦乡。

请思考一处矛盾:老少校的演讲里说得很清楚,不许在床上睡眠;第三段的开头却写着老少校安坐在铺着稻草的床上。请想一想,该怎么解释?

## • 第二章（上）：起义

### 1.On his bed of straw

第一章写老少校的出场,Major was already ensconced on his bed of straw,意思是老少校早已安坐在用稻草铺成的床上,换句话说,这里所谓的床,就是台子的地面,上面铺了一些稻草。地面 + 稻草 = 老少校的床,而我们心目里的床（四只床脚,一个床架,加上席梦思床垫、床单和被子等等）。"老少校……安坐在铺着稻草的床上",这句话里的"床"字,最好能加一个引号,让读者知道此床非床。或者呢,译成"用稻草铺成的床上",就不会引起误会了。

### 2. 老少校之死

第二章的主要情节是老少校的去世，动物们的起义，起义成功后动物农场的命名，"七戒"的颁布。

老少校可谓善终，第一节里写道："三天以后，老少校晚上睡着以后，再也没有醒过来，他死得极其宁静。他的尸体被埋葬在果园下面。"在他的暮年有亲人和朋友在身边陪伴，过着合乎自己心意的居家养老的生活，没有重大疾病也没有过度治疗，"他死得极其宁静"，"宁静"是一个很重要的指标，生活的质量最终要靠死亡来作一个总结的。

达·芬奇说："正如日子在甜睡中飞逝，生命总在死亡中度过。"在我们活着的每一天里，其实都能直接体验到死亡，为什么？因为每一天的睡眠就是一次小小的死亡。老少校在睡眠中死去，在小小的死亡中进入了长久的死亡，二者合一了。之所以说老少校可谓善终，还因为他"被埋葬在果园下面"，死得其所。回想第一章里他对动物们的命运有过概括："不管你是什么动物，到头来难免屠刀的宰割……这种恐怖的命运咱们谁都逃不脱——牛也好、猪也好、鸡和羊也好，都要遭受这个劫难。"那么，为什么他能避开屠刀，还能被埋葬？莫非是因为他是一头种猪，十二年来有生养众多的功劳，所以琼斯先生予以厚葬？根据这一处情节，也许我们可以微微调整对琼斯先生的印象，不能说他是一个百分百残酷的人。

第一讲里，我们提到小说的时间有三个要点（时代、时长、时刻），因着老少校的去世，我们也得知了小说所写的那几年的一个起点，"这是三月初的事"，小说开始时的季节是春天。

老少校可谓动物界的伟大思想家，在人类社会里，早期的伟大思想家往往述而不作（阐述，但不写作），那么他们的思想如何传于后世呢？通过他们弟子的记录与整理。孔门后学记录孔子应答弟子和时人之言，辑成一本《论语》；柏拉图记录了苏格拉底的一系列对话录；马太等四人记录了耶稣的所行所言，有了四本福音书。动物农场里呢，老少校的弟子们把他的教导发挥成一套完整的思想体系，称之为动物主义。为什么思想如此重要？因为每个生活者都是生活在两种生活里的，作为基础的物质生活，和通过思想建构的意义生活。有的时候，物质生活跟之前一模一样，没有任何变化，只是因为生活者获得了新的思想，眼前的生活也就随之焕然一新了。农场里的动物们也是如此，"老少校那一次讲演使农场中那些智慧较发达的动物对待生活有了全新的看法"，可见思想的力量之大。

### 3. 三头猪的形象与工作

写过文章的人都知道，你不可能一股脑儿地把知道的东西全说出来，你只能一句一句地写，读者也只能一句一句地读下去。一幅画、一尊雕塑或一幢古建筑，都是空间艺术，可以在瞬间就有了整体印象；而一本书就像一首歌，只能耐心地在时间的流逝中，慢慢地获得整体印象。对于作者来说，这就涉及谋篇布局的考虑了。

短篇小说像一首短而凝练的诗，凝练意味着内在的紧张感，中长篇小说则舒缓多了，篇幅有余裕，可以慢慢来。大家肯定还记得第一讲提到的两种出场方式，《动物农场》中角色的出场方式是李尔王式的，大家到谷仓开会，全体到场就是全体亮相了，主要的笔墨用在了老少校、拳击手、苜蓿、茉莉、本杰明几位角色上，关于别的猪，文中只用了一句话："接着是一群猪，他们立刻都伏卧在台前的稻草上。"接着就去写母鸡、鸽子、绵羊和奶牛等等，而这本书的读者都知道，几头猪才是《动物农场》的主角，为什么在第一章里一笔带过？因为这是一部中篇小说，第一章也许可以看作一个序幕，有几位主角在第二章方才登场，作家从容不迫地写出三头猪的面貌与性格，你是否体会到作家的一颗苦心？请读一读这几行：

> 拿破仑个头大，样子凶恶，是一头伯克夏种公猪。他也是农场里唯一的伯克夏种，不爱多说话，却是有名的拗性子。雪球同拿破仑不同，性格活泼得多。他伶牙俐齿，一脑子主意，但大家都认为他不如拿破仑性格深沉。农场里其他公猪都是肉猪。名气最大的是一头名叫尖嗓的小肥猪，生得一副团团面孔，炯炯有神的眼睛，动作伶俐，说话的声音尖锐刺耳。尖嗓说话很有口才，在他阐述一个艰深的论点时，身子总爱来回跳动，小尾巴摆来摆去，使他的话语很有说服力。别的动物都说，尖嗓的本领很大，能把黑的说成白的。

拿破仑、雪球、尖嗓，三头猪构成了一组群像，在第二章里单独地来介绍他们，其中的匠心在于，这样就把他们和其他动物区别开来了，令读者隐隐约约地感觉到这三位与众不同，好像带有几分神秘气质，而读者对他们了解得还不够，渴望了解得更多，这就产生了读下去的动力。其中的匠心还在于，每个角色，作家用一两个词，仿佛往三个泥塑的鼻孔里吹了一口气，他们就变活了。拿破仑，拗性子;雪球，一脑子主意;尖嗓，有口才。这三个词语，铺出了这三个角色后面的道路。拗性子的意思是性格固执，很多领导者都是如此。

尖嗓能把黑的说成白的，英文原文是"he could turn black into white"，有些词语的用法，东方西方竟然会不谋而合，屈原《怀沙》里写道："变白以为黑兮，倒上以为下。"后来就有了一个成语：颠倒黑白。中文、英文的表达，几乎一模一样。类似几乎是对应的例子也不少，比如 castles in the sky，空中楼阁;walking on air，飘飘欲仙;a match made in heaven，天作之合，等等。

至于三头猪的工作，主要是在两个方面：宣传解释，拆穿谣言。前者是面向全体动物的，后者是针对摩西的，"摩西是琼斯先生驯养的一只乌鸦。他是一个内奸，总爱搬弄是非。另外他还会花言巧语地编织瞎话。"这只乌鸦的名字是有来源的，历史上的摩西，是以色列人的领袖，带领人民脱离在埃及的奴役生活，前后经过四十年，回到他们的应许之地。这只乌鸦也叫摩西，容易让人联想起关于信仰的方方面面，他也确实宣传过一个神秘的叫糖果山的地方。三头猪不信这一套，极力劝说其他动物不要相信。

### 4. 革命所需的两种因素

一般来说，某处爆发一场革命之前，往往会有一段较长的酝酿时间，在此期间，有两种因素会慢慢积累起来：一、引发不满情绪的种种燃料;二、自由思想的启发与普及。

奥威尔未必了解中国古代史，然而一位好作家的洞察力能超越时空，《动物农场》第二章里的起义写出了一种普遍性，倘若和《史记》中所写的陈胜吴广起义对照着读，可以看到不少相似之处。

| 引发不满情绪的燃料 | 《陈涉世家》 | 《动物农场》 |
|---|---|---|
| 一、严苛的法律 | 天下苦秦久矣。失期，法皆斩 | 琼斯先生管理从不手软 |
| 二、恶劣的条件 | 天大雨，道不通 | 鸡棚马厩的屋顶开始漏雨，动物们更是连饭也吃不饱了。直到黄昏，动物始终没有人喂 |
| 三、领导者的酒醉与鞭打 | 将尉醉……笞广 | 在红狮酒馆喝得烂醉如泥……睡醒了。他同四个雇工手持皮鞭，四面八方地乱抽乱打 |
| 自由思想的启发与普及 | 《陈涉世家》 | 《动物农场》 |
| 一、横竖都是死 | 今亡亦死，举大计亦死 | 那些能够干活的，被硬逼着干到精疲力竭。一旦精力枯竭，没有用处了，就被残酷凶狠地屠宰掉 |
| 二、机会平等 | 王侯将相宁有种乎 | 只有把人铲除掉，我们才能享有自己的成果，一夜之间，我们就会变得既富又自由了 |

现实境遇里苦难重重，目力所及的不远处就是死亡，看不到一线生机，在这样的绝望之中，忽然有了可以帮助他们挣脱锁链的自

由思想，这思想迅速传播开来，于是他们就揭竿而起了。无论是中国古代的农民，还是动物农场里的动物，都是如此。

### 5. 成功后所做的几件事

出乎意料地，起义竟然这么快就成功了，成功之后，动物们依次做了这样几件事。

第一件事是在农场的界内集体跑圈儿；第二件事是把琼斯统治的所有遗物消灭掉，有的扔到井甲，有的烧掉；第三件事是到食物储藏室领饲料；第四件事是连唱七遍《英格兰牲畜之歌》；最后是香甜地就寝。

韦尔斯《世界史纲》里记载的1918年伦敦人民庆祝一战结束的场景，值得引录在这里：

> 在伦敦，11月11日上午11时左右，宣布停战。它使一切日常例行工作奇异地停止了。办事员从办公室里拥了出来，不再回去了，店员们离开了店铺，公共汽车司机和军用卡车司机想把车子开到哪里就开到哪里，车上载满了随意上车的惊喜欲狂的乘客。他们没有什么目的地要去，也不管这些车要开到哪里去。茫然若失的群众立即充塞街道，凡是有国旗的住房和商店都把这种饰物挂了出来。夜晚来临，好几个月来因空袭而一直保持黑暗的许多主要街道上，灯火辉煌。蜂拥而来的群众重新集合在灯光之下的情景看来是十分新奇的。人人感到惶惶然，怀着一种不自然的和疼痛的慰藉……人们

想笑,也想哭——真是哭笑不得。兴奋的青年们和度假的年轻士兵们组成稀疏而嘈杂的游行队伍,挤过人流,尽力做出欢乐的样子。一尊俘获的德国大炮从陈列许多这类战利品的马耳大街拖运到特拉法尔加广场,举火焚毁了炮架。鞭炮和花炮到处乱扔。①

你看,动物们所做的,和狂喜的人类的行为,是多么相似啊。如果有人问你:历史与文学,哪一个更真实?不少人会认为历史更真实,因为历史是对过往事件的记载,而文学是作家头脑中的虚构。不过,亚里士多德却认为,文学更真实,因为历史只叙述了已经发生的个别事件,而文学则描述了可能发生的普遍的事件。所以亚里士多德主张,对经典的文学作品不可掉以轻心,要认真严肃地对待。诗人与作家是值得敬重的。

奥威尔《动物农场》第二章里,有不少角色与事件具有普遍意义,有可能发生在不同的时代与不同的地区,比如老少校的述而不作,三头猪的舆论攻防战,革命所需的要素,革命成功后群众的狂欢行为……都印证着、也涵盖了许多历史,当然,可能也预言了尚未发生的、还没有来得及成为历史的历史——这正是文学经典的意义所在。

读到这里,请你想一想,"老少校那一次讲演使农场中那些智慧较发达的动物对待生活有了全新的看法",你是否有过这样的经历?或者据你所知,某个历史人物或文学人物曾经有过类似的经历?

---

① [英]H.G. 韦尔斯:《世界史纲:生物和人类的简明史》,吴文藻、冰心、费孝通译,译林出版社,2015年7月版,第976页。

## ·第二章（下）:"七戒"

### 1. 人生旅途中的顿悟

老少校的一番讲演，启发了农场中的动物，点燃了一场后续的革命之火。可见顿悟是一个转折性的瞬间，顿悟之前与顿悟之后，生活景观迥然不同。关于顿悟，最形象的表达是《桃花源记》里渔人的经历："林尽水源，便得一山，山有小口，仿佛若有光。便舍船，从口入。初极狭，才通人。复行数十步，豁然开朗。土地平旷，屋舍俨然，有良田美池桑竹之属。"

顿悟者就像那个武陵人，顿悟是经历了长长的黑暗隧道而终于有光明在眼前的时分，顿悟是豁然开朗的感觉，顿悟是见到一番别样的天地，顿悟是对生活有了全新的看法。

在中国历史上不乏顿悟的事例。张良的顿悟时刻发生在下邳的一座桥上，黄石老人让他去取履，让他学会了谦卑与忍耐，从之前的刺客变成了之后的谋士。苏东坡在惠州松风亭下关于解脱的领悟（此间有什么歇不得处？由是心若挂钩之鱼忽得解脱），王阳明的龙场悟道（始知圣人之道，吾性自足，向之求理于事物者误也），从此对生活有了全新的看法。孙中山的顿悟时刻则是在香港，他在香港读书，见街道整洁，建筑典雅，对比相距百公里外的故乡香山，反差很大，于是决定放弃医人，转而医国。

### 2. 登山远眺

革命当天是施洗约翰节（6月24日），第二天是6月25日，星期一。

动物们醒来后全体跑向牧场的小山丘，冲到山顶，在清晨向四周眺望，真切地体会到一种狂喜之感，这种狂喜之感，如果细加区分，可以分为两层。

第一层是当家做主的感觉，反过来说，也就是不再做奴隶了。"一点不错，农庄现在是他们的了，凡是他们能看到的东西都归他们所有了"，他们拥有了财产拥有了整个农庄，更重要的是，他们第一次拥有了他们自己，他们是自己的主人，多年压迫一朝解放，何等扬眉吐气！

第二层是彻底的自由感，这里要注意的是，审美眼光是随着自由感而来的，换句话说，受苦受难的奴隶或高压下的强迫劳动者，是很难有审美眼光与心情的。动物们生平第一次用审美的眼光来看待自己生活在其中的农场，"他们在整个农庄巡视了一圈，耕地、干草地、果园、池塘、小树林……不管看什么都叫他们惊羡得说不出话来，倒好像他们从来没见过这些东西似的。"

尽管是一部以动物为主角的小说，依然需要作家以己度物，化入自己的生活经验，读到这里，可以引入一段奥威尔的个人经历，1937年他在西班牙做国际志愿兵，帮助西班牙共和军抵抗佛朗哥的军队，后来不幸被子弹击中咽喉，九死一生之后，拿到了遣散证明，眼光和心情就完全不同了，奥威尔写道：

> 以前曾路过巴巴斯特罗，有过匆匆的一瞥，那对我而言只是战争的一部分——昏暗、泥泞、阴冷，到处都是呼啸而过的卡车，到处都是衣衫褴褛的军队士兵。现在情况完全不

同了，我信步而行，看到了赏心悦目弯弯曲曲的街道、老石桥、放着一人高的大泥桶的酒店、稀奇古怪遮遮掩掩的店铺，人们在那里制作车轮、匕首、木勺和羊皮水壶。我兴致勃勃地看着一个人制作皮壶，我以前从来没见过，水壶里面用兽皮制作，而且内里的一面毛还没有褪去，因此，你确实喝下过经山羊毛过滤的水。我用这种水壶喝了几个月的水，竟一无所知。城镇后面有一条翡翠般浅绿的小溪，一座陡峭的石崖矗立其中，岩石上建有房屋，从卧室的窗口你就能直接跳入下方一百米的水中，无数鸽子栖息在崖洞中……奇怪的是，我在这里驻留了近六个月却视而不见……这几乎是第一次让我感到自己确确实实身处西班牙，置身于一个我终身神往的国度……蜿蜒成行的骡队、灰色的橄榄树和一丛丛柠檬树、披黑披肩的姑娘、马拉加和阿利坎特的美酒、大教堂、红衣主教、斗牛赛、吉卜赛人和小夜曲——总之，这就是西班牙。在所有欧洲国家中，它最让我心驰神往。①

### 3. 视角：谁的眼睛

视角很要紧，因为它决定了小说的叙事方式，绝大部分小说采用是第一人称视角（我）或第三人称视角（他）。《小王子》就是通过一个飞行员（我）来讲述的故事，主要人物是小王子，我是一个次要人物，这种叙事方式就称为"第一人称次要人物"；J.C. 乔治的

---

① ［英］乔治·奥威尔：《向加泰罗尼亚致敬》，李华、刘锦春译，江苏人民出版社，2006年3月版，第166页。

《山居岁月》，罗尔德·达尔的《女巫》，主要人物就是讲故事的"我"，这种叙事方式就称为"第一人称主要人物"；像达尔的《好心眼儿巨人》《查理和巧克力工厂》就是第三人称视角了，司马迁的《史记》，中国古典四大名著，都是用第三人称来讲故事的，《动物农场》也是如此。

不妨选取一个段落，来看看第三人称视角的作用，以下是第二章里，动物们进入琼斯夫妇住宅的片段：

> 所有动物排成单行，一个跟着一个地走进去，他们走路非常小心，生怕惊扰了什么。他们踮着脚，从一间屋子走进另一间屋子，说话不敢大声，彼此只咬耳朵。他们怀着莫大的敬畏盯着屋中令人无法置信的华丽的陈设，铺着羽绒红垫子的大床、穿衣镜，用马鬃填起的沙发，布鲁塞尔地毯，以及摆在客厅壁炉架上的维多利亚女王石版画。

这个片段的前几行，你是否体会到——随着文字的展开，作者邀请你与动物们一起进入了琼斯夫妇的房间，不知不觉间，你会很享受这种愉快的幻觉，仿佛你和农场的动物们在一起，经历动物们所经历的事情。这个片段的后几行，请特别留意这句话，"他们怀着莫大的敬畏盯着屋中令人无法置信的华丽的陈设"，在这句话里，你就体会到了第三人称的妙处，作为读者的你不仅能看到动物们的行动，还能透过动物们的眼睛，看到他们所看到的——那些华丽的陈设，铺着羽绒红垫子的大床、穿衣镜，用马鬃填起的沙发，布鲁塞尔地毯，以及摆在客厅壁炉架上的维多利亚女王石版画……这些都以动物们眼睛写出，在动物们眼中，一个普通英国农场主的家庭生活，顿时就显得无比奢华了。他们第一次看到这些东西，充满了新鲜感与敬畏感，这"莫大的敬畏"显出动物们之前的苦难有多深。

### 4. 谈艺录Ⅱ：配器法

第一讲里提到过，写好一个角色，要写其形象（静态的），更要写其言行（动起来，说出来），除了这两方面，还可以给他配上道具。

请回忆一下金箍棒的样式——两头是两个金箍，中间乃一段乌铁，紧挨箍有镌成的一行字，唤作"如意金箍棒，重一万三千五百斤"——要是孙悟空少了这件趁手的兵器，西行路上会失去多少风采！

再回忆一下"光轮2000"——线条优美，富有光泽，把是红木的，长长的尾巴用整齐、笔直的枝子扎成，"光轮2000"几个字金灿灿地印在扫帚把顶端——哈利·波特若是没有这把新扫帚，怎么在魁地奇比赛中抓住飞贼呢？

之所以要给人物加个道具，是因为道具是人物性格的外化，明白了这一点，我们来看对茉莉的这段描写："她从琼斯太太的梳妆台上拿了一条蓝飘带，对着镜子在自己肩膀上比来比去，正在迷迷糊糊地欣赏自己的芳姿呢！"你也许还记得第一章里茉莉的出场："小白母马茉莉直到聚会快开始才来。茉莉长得很漂亮，但没有头脑；她迈着细碎的步子扭扭摆摆地走进来，嘴里还嚼着一块方糖。她在靠前边的地方找了个位子,立刻就甩动起自己的白色鬃毛,卖弄系在上面的红飘带。"形象、动作之后,加上了一条飘带。红飘带加蓝飘带,小白母马的顾盼之态几乎就呼之欲出了。

另外有两处细节值得留意。第一处是"洗碗间摆着一桶啤酒,拳击手抬起蹄子踢了个大洞",作家以一颗绵密的文心,期待着读到此处能会心一笑的读者,还记得第一章第一段里的那几句吧:"走进后门,他把靴子甩掉,又从放在洗碗间的酒桶里给自己倒了这一天的最后一杯啤酒,就爬上床去。"对,就是这桶啤酒。然而,要是读到小说的第九章,回想起第二章里拳击手脚踢啤酒桶的这个动作,读者恐怕就笑不出来了,这是后话。

第二处细节是关于火腿的,"厨房里挂着几条腌制的火腿,被动物们取下来准备埋掉",这句话在浏览时容易被忽略,如果稍加逗留,回味回味,不难察觉其中含蓄的英式幽默,令人莞尔。

### 5. 时间开始了

这个星期一早上六点半,雪球在集会上的开场白是这样说的:"咱们有一整天的时间呢。从今天起咱们开始割草。但是在此之前,有一件事首先占用咱们一点儿时间……"

自由意味着拥有属于自己的时间,可以做自己想做的事情。雪球的开场白里出现了两次"时间",这个词语确实值得在这一天强调,因为对于他们来说,一个新纪元开始了。

新纪元的开始,意味着反抗暴政的成功。就像1776年7月4日,美利坚合众国十三个州的《独立宣言》所宣告的:"我们认为以下真理是不言而喻的：人人生而平等，造物主赋予他们某些不可转让的权利，其中包括生命权、自由权和追求幸福的权利。为了保障这些权利，人们建立起其正当权力来自被管理者同意的政府；任何形式的政府，一旦破坏这些目标，人民就有权利去改变它或废除它，而建立一个新的政府。"①

大凡一个新纪元的开始，一定会有新的法律颁布，公元前206年，秦王子婴投降，刘邦带兵西入咸阳，对关中父老说："父老苦秦苛法久矣，诽谤者族，偶语者弃市。吾与诸侯约，先入关者王之，吾当王关中。与父老约，法三章耳：杀人者死，伤人及盗抵罪。余悉除去秦法。"（《史记·高祖本纪》）刘邦颁布的新法令很简单，杀人者偿命，伤人的和偷东西的，各按情节定罪，秦朝恶法其余的条款一概废除，百姓都欢呼雀跃。

近代史上也是如此。1908年（光绪三十四年）晚清政府颁布的《钦定宪法大纲》前两条是这样写的："一、大清皇帝统治大清帝国，万世一系，永永尊戴。二、君上神圣尊严，不可侵犯。"万世一系，意思是由一姓世代相承。辛亥革命后，1912年颁布的《中华民国临时约法》的前两条就变成这样了："第一条，中华民国由中华人民组织之。第二条，中华民国之主权属于国民全体。"这是多么大的改变呀，《动物农场》里的动物们，同样经历了奋斗，从"万世一系，永永尊戴"中挣脱出来，获得了属于国民全体的主权，所以他们狂喜，兜着圈子奔跑、撒欢儿，兴奋得一个劲向半空蹿跳。

---

① ［美］加里·沃塞曼：《独立宣言》，《美国政治基础》，陆震纶等译，中国社会科学出版社，1994年5月版，第221页。

### 6.关于"七戒"

查阅"七戒"的内容,可以很清楚地看到它的来源,它取自于那天晚上老少校所讲的,在关于"老鼠是不是同志"的投票之后,老少校说了那一番话,变成"七戒",在内容上没有一点走样,在形式上分行逐条列出,变得更清晰,有法律条文的样式。

具体来看,"七戒"分为三个层次,一、二戒判定敌友,三、四、五、六戒是行为规范,第七戒以"平等"一词作为总括。英文的表述相当简洁:

1.Whatever goes upon two legs is an enemy.
2.Whatever goes upon four legs, or has wings, is a friend.

有的中文译本把一、二戒译为:无论如何,两条腿的都是敌人。无论如何,四条腿的,或者有翅膀的,都是朋友。Whatever goes upon,无论如何。傅惟慈的译本里,对应的只用了一个字:凡。凡用两条腿走路的都是敌人。凡用四条腿走路或者有翅膀的都是朋友。凡,凡是,一切,"凡"字里面内含着一种边界,在边界之内无所不包,在边界之外非我族类,都可以用一个"凡"字来显明。

再想一想,为什么不说"凡是人都是敌人",而要说"凡用两条腿走路的都是敌人",这里的差别在于,前者涉及的是一个概念(人),概念是抽象的词语,后者是一幅图景(而且是一幅低视角的图景),是动物眼中所见的——"七戒"是动物们拟定的,这种直观的表达也是动物式的。

三、四、五、六戒是行为规范，四个"不许"，涵盖了生活的方方面面，生活无非是衣食住行。衣，一切动物都不许穿衣服；食，一切动物都不许喝酒；住，一切动物都不许睡床铺；行……为什么没有"行"呢？交通出行不是很重要吗，仔细想一想，"行"不单是生活方式，更是划分人类与动物的标准，"行"的方面已经在一、二戒里表达了。

"所有动物都是平等的"，为什么不像《独立宣言》那样一开始就强调平等，而是到最后再来说平等呢？因为《独立宣言》是起初的十三个州脱离大不列颠的宣言，独立者和原先的统治者都是人；而"七戒"是动物推翻人类统治后，立法自治，统治者与自治者的物种是不同的，所以首先要割席，强调物种区别，用两条腿和四条腿作为判定的标准，到了最后再来总结自治者们内部的相处状态——所有动物都是平等的——第七戒所指的是全体动物，人类是排除在外的。

颁布"七戒"的这一天，按照人类的习惯，一般会举国欢庆，快乐休假，动物们果然与人类不同，他们一天都没有休息，一颁布完"七戒"就全体工作了。这一章的尾声是牛奶的神秘消失，去哪里了呢？答案要到下一章揭晓。最后有一个小拓展，第二章里动物们登山远眺的一段，可以和一首中国现代诗放在一起读，这位中国诗人的名字叫海子，这首诗的名字叫《活在珍贵的人间》，请比较阅读，找一找二者的相似点。

· 第三章（上）：劳动

  **1. 异曲同工**

活在珍贵的人间
海子

活在这珍贵的人间

太阳强烈

水波温柔

一层层白云覆盖着

我

踩在青草上

感到自己是彻底干净的黑土块

活在这珍贵的人间

泥土高溅

扑打面颊

活在这珍贵的人间

人类和植物一样幸福

爱情和雨水一样幸福

读着海子这首诗，再看看奥威尔所写的动物们登山远眺的那段，会有一种强烈的感觉——文学不分古今中西，优秀作家的心灵相通。

奥威尔写道："他们在露珠里打滚，一口一口地啃着甘美的夏草。"

海子说："我，踩在青草上，感到自己是彻底干净的黑土块。"

奥威尔写道："把脚下的黑土块踢得四处飞溅，使劲吸着田野的芳香气味。"

海子说："泥土高溅，扑打面颊。"

奥威尔写道："在一阵狂喜中，动物们兜着圈子奔跑、撒欢儿，兴奋得一个劲向半空蹿跳。"

海子说："活在这珍贵的人间，人类和植物一样幸福，爱情和雨水一样幸福。"

奥威尔是英国人，《动物农场》是1944年完稿，1945年出版的，最早的简体中文版译作《动物庄园：一个神奇的故事》，是在1988年出版的，责任编辑邵敏一直清楚地记得1988年年初的情景，他跟译者张毅在上海人民出版社商量书名，动物农场、动物庄园、动物公社……他们更喜欢"动物公社"这个名字，觉得很传神，不过后来还是直译为"动物庄园"，在1988年10月出版。海子的《活在珍贵的人间》写于1985年1月12日，显然，海子与奥威尔的异曲同工，纯属巧合。

文学中这样的英雄所见略同，并不少见。

比如水中镜像，《老残游记》第二回写老残在铁公祠前，向南看大明湖对面的千佛山，"那明湖业已澄净的同镜子一般。那千佛山的倒影映在湖里，显得明明白白。那楼台树木，格外光彩，觉得比上头的一个千佛山还要好看，还要清楚。"关于这一点，作家刘鹗与画家达·芬奇有同样的观感。达·芬奇一直主张画家应当将镜子拜为老师，因为镜子反映的图像与绘画极为相似，达·芬奇发现在清澈水中倒影的颜色最逼近原物的颜色，他还专门把一个疑问写在自己的笔记里："在镜子里看一幅画比直接看这幅画觉得更美，为什么呢？"

再比如关于乌龟的比喻，《西游记》第 21 回，唐僧在黄风岭被黄风怪的前路虎先锋捉去了，黄风怪法力强大，孙悟空要去找帮手，临走前嘱咐猪八戒。行者道："兄弟，你却也知感恩。但莫要出头，只藏在这树林深处，仔细看守行李、马匹，等老孙寻须弥山，请菩萨去耶。"八戒道："晓得，晓得！你只管快快前去！老猪学得个乌龟法，得缩头时且缩头。"非常有意思，蒙田在随笔中论到自己的老年生活说："老朽宜于独处。我则与人来往过密；从今以后不要让自己的丑态丢人现眼，要加以掩盖，缩成一团躲在壳里默想，像乌龟一样，这不是很有道理吗？"①

《动物农场》里，还有不少让人想起中国文学的段落，简直就像是两个作家说好了一起动笔来写，等讲到那些段落的时候，我们再来比较。

## 2. 颗粒归公

第三章主要写了当年六月到九月间，动物们辛苦劳动，获得丰收的情景。读这一章，读着读着忍不住要拍案叫绝，奥威尔好像看到了未来的某些景象，早早地记录在自己的书里，他的预言性令人

---

① ［法］米歇尔·德·蒙田：《论虚空》，《蒙田随笔全集》第 3 卷，马振骋译，上海书店出版社，2009 年 3 月版，第 189 页。

称奇，就像这个段落：

> 每个动物，连同那些最卑微的小动物，个个都参加了翻草和捡拾的工作。小鸭和小鸡在烈日下整天在地里奔走，每次嘴里只能衔一小撮草。动物们最后收割完饲草，比当年琼斯和他的工人干这个活儿少用了两天时间。另外，这次也是农场从来没有过的大丰收。收获一点儿也没有浪费。鸡、鸭目光都很敏锐，把地里的草梗一根不漏地衔了回来。农场的动物没有一个偷嘴吃，哪怕一小口都收回来归公。

上个世纪八十年代，小学语文第三册里有一篇课文，叫作《颗粒归公》，写的是天津"泥人张"的一件泥塑作品（冯骥才在《俗世奇人》里写到过"泥人张"，本名张明山（1826—1906），课文里所说的"泥人张"应该是他的后人）。课文是这样写的：

颗粒归公 [1]

"泥人张"真会捏泥人，连我弟弟跟鹅打架，也捏了出来，还上了彩色呢。

说起来真有意思。我奶奶养了五只鹅。这些鹅红嘴巴，高额头，浑身雪白。我弟弟特别喜欢它们，常常给它们喂食。鹅一看见他，就伸长了脖子围着他转。

---

[1] 五年制小学课本《语文》第三册第24课，人民教育出版社，1981年10月版。

那天，我弟弟拾了一篮子稻穗，正要送到队里去，那五只淘气的鹅以为又给它们喂食来了，嘎嘎嘎地追了上来。弟弟把篮子举得高高的，大声说："这是队里的，不给你们吃！"可是鹅一点也不听话，它们拍着翅膀，盯着篮子，嘎嘎嘎地叫着往上扑。弟弟左躲右闪，急得满头是汗。

正在这时候，"泥人张"来了。他笑呵呵地说："小弟弟，你是好样的，我来给你捏个像。"

你看，就是这么个跟鹅打架的像，还给起了名字，叫"颗粒归公"。

同样的在地里劳动，同样的一根不漏，同样的不许偷吃，同样的收回来归公……《颗粒归公》这篇课文的使用贯穿了整个八十年代，估计有上亿人学过这篇课文，可以问问你的父母，是否还有印象。这篇课文肯定是某位中国作家原创的，但是其中的灵感就像是从《动物农场》里借来的一样。

### 3. 谈艺录Ⅲ：对比的力量

六月革命以后，七月、八月和九月，幸福在延续，这是农场里动物们一致的感觉。什么是幸福？幸福是对生活的满意度，是一种主观的满足感，一位幸福者常常处于一种心流状态，乐于接受有挑战性的任务。但幸福是相对的，它源于比较：和自己之前的状态的比较，和具有可比性的角色的比较。

小说里写道："动物们个个兴致很高，他们从来没想到日子会过得这么幸福。吃每一口食物都让他们感到极大的、实实在在的快乐，因为他们吃的是他们自己给自己准备的粮食，而且是通过自己的劳动生产出来的，不是过去吝啬的主人施舍给他们的。在农场的寄生虫——卑鄙的人类被赶走以后，每个动物都有了更多的食物，也有了更多的闲暇时间，尽管他们对此还不习惯。"

他们因为更多的食物而感到幸福，因为更多的闲暇而感到幸福，更因为独立和自由而感到幸福——这都是源于和六月之前的生活的比较，那时的生活是被奴役的、不自由的、靠施舍过活的，当然是不幸福的。如今他们感到幸福，是源于对比的力量。

在写作时，如果你懂得使用对比的力量，那么你所塑造的角色就会一下子生动起来。怎么来使用对比呢？在这一章里，奥威尔做了三种示范动作：反向对比（反衬），正向对比（正衬），前后对比。

关于反衬、正衬，毛宗岗在评《三国演义》第四十五回时有几句精彩的概括："文有正衬，有反衬。写鲁肃老实以衬孔明之乖巧，是反衬也；有周瑜乖巧以衬孔明之加倍乖巧，是正衬也。譬如写国色者，以丑女形之而美，不若以美女形之而觉其更美；写虎将者，以懦夫形之而勇，不若以勇夫形之而觉其更勇。读此可悟文章相衬之法。"

第三章第五节写动物们的劳动，"没有一个动物偷懒——或者说，几乎没有动物偷懒。茉莉总是拖拖拉拉不肯准时起床，这倒是真的。在干活儿的时候她也总是借口一颗石子夹在蹄子里提前下工。此外，猫的行径也有些与众不同。大家不久就发现，每逢有什么工作要做的时候，就找不到她的踪影了。她一失踪就是几个小时，直到该吃饭的时候才又露面，要么就是晚上，直到活儿都干完以后，才若无其事地走回来。她总能为自己的行为找到很好的借口，故作亲密地呼噜噜地叫着，让别的动物无法怀疑她有任何不良的动机。"——这就是反衬，以茉莉和老猫的偷懒，来衬托出其他动物们的勤劳。

而拳击手呢，"从早到晚，只见他不是推就是拉，哪里的活儿最累，他就出现在哪里。他同一只公鸡约定，每天提前把他叫醒，比其他动物早起半小时。在每天正常劳动时间开始之前，他就在最需要的地方义务地干起来了。"——这就是正衬，以其他动物也都在各尽其能地劳动着，衬托出拳击手这个遥遥领先的劳动模范。

反向、正向对比一般用于不同角色之间，前后对比则是看同一角色的不同时段里的变化，最能看出一个角色的成长过程。大家都很熟悉的，匹诺曹起初爱说谎，后来变得诚实了；丑小鸭起初有点自卑，后来在广大的世界里认清了自己也接受了自己；孙悟空起初自封为齐天大圣，后来陪伴唐僧默默地做一个行者……这些前后对比，都反映着角色性格的发展，文学作品里的角色和现实生活中的你我一样，也有成长、成熟的一个过程。

一般而言，一个人到了成年性格就稳定了。在《动物农场》里，毛驴本杰明显然不是一个幼稚的角色，小说开始的时候，他已经是一头老驴了，之前想必经历了许多世事，对时务的判断与小年轻不尽相同。他和拳击手是好朋友，但这两位各自的前后对比是不一样的。在造反前，拳击手的工作是努力的；造反以后，拳击手的工作就更努力了。本杰明显然不是这样，这一章里写道："驴子老本杰明在造反以后好像丝毫没有什么变化。他仍然同琼斯统治农场的时候一样慢腾腾地埋头干活儿，既不偷懒，也不多做自己份额以外的事。他对造反和造反以后的各种变化从不发表任何意见。"在一个剧烈的变局中，本杰明却保持不变，他的态度显得意味深长。一方面，像本杰明这种稳定的性格虽属小众，但根据你我的生活经验，在身边也见过类似的人，确实有这种类型存在；另一方面，这种与大局不合拍的性格，非主流的言论，有它存在的合理性，也一样受到"七戒"的保护，因为一切动物都是平等的。这种性格与言论的价值还在于提供了另外一种参照，帮助农场的动物们反思革命的意义、生命的意义。

第三章里的反向对比（反衬），正向对比（正衬），前后对比，有力地写活了几个主要角色，对比的手法在写作中是很有用武之地的。

### 4. 经验之火与想象之光

本杰明"对造反和造反以后的各种变化从不发表任何意见，要是别的动物问他，琼斯离开以后他是否更加幸福，他就说：'驴子的寿命长得很，你们还都没见过死驴呢。'提问者虽然觉得他的回答可能含有某种隐晦的意义，可是无法细问，只能由他去了。"

本杰明的回答有几分玄妙，大意是说有些东西是"活久见"。多么有意思的一头驴，如此睿智的言语，读者禁不住要问，奥威尔怎么会这么了解一头驴呢？关于驴子本杰明的创作素材，是从哪里得来的？

关于创作，有一位作家说得好："真人真事的价值，全凭作者怎样取用。小说家没有经验，无从创造。但经验好比点上个火；想象是这个火所发的光。没有火就没有光，但光照所及，远远超过火点儿的大小……想象的光不仅四面放射，还有反照，还有折光。作者头脑里的经验，有如万花筒里的几片玻璃屑，能幻出无限图案。《红楼梦》里那么许多女孩子，何必个个都真有其人呢？可以一人而分为二人、三人；可以一身而兼具二美、三美。"①

倘若我们读过《奥威尔传》，就会看到他从小就喜欢动物。据他的朋友回忆，奥威尔在缅甸服役的那段时间（二十多岁时），在缅甸永盛的住所里到处都有跑来跑去的山羊、鹅、鸭子和各种各样的动物；在马达班的车站装行李时，奥威尔带了好些家禽家畜，一不留神，鸡和鸭跑到了站台上，到处乱窜。

1944年6月，奥威尔和妻子爱琳收养了一个小婴儿理查德，也就是从这个月开始，德国人改用V-1导弹轰炸伦敦，7月28日，他们在莫蒂默弯道（10a Mortimer Crescent, London NW6）的公寓被炸，后来就搬到Canonbury27号B座的顶楼，奥威尔竟然在公寓养鸡，还养了一只山羊！为了有鸡蛋和羊奶可以给小婴儿吃，可惜母鸡下的是软壳蛋。

奥威尔有没有养过驴，我们不能确定，可以确定的是，他很仔细地观察过驴，1938年9月到1939年3月，他和妻子在摩洛哥，9月10日的日记里有这样一段：

> 这里（丹吉尔）的驴子体力被透支得厉害，它们一头相

---

① 杨绛：《杨绛作品集》第三卷，中国社会科学出版社，1993年10月版，第146—147页。

当于九到十个人力,时常负重达到两百磅。赶驴人在往驴背上放了许多重物后,自己再坐在货物中间。这里的山非常陡,许多地方坡度达到五分之一或六分之一,可驴子还得驮着这么多东西,有些时候都被货物压得看不到了;但它们还是非常耐心、顺从。这儿的驴子一般都不戴笼头,不需要人驱赶,甚至都不需要牵。它们会跟着主人走,或者走在主人前面,就像狗一样。主人停步时它们也停步,主人进屋它们就在外面等着。①

**奥威尔也见过死去的驴,摩洛哥日记里有三处记录:**

我前两天看到一头死驴——这还是头一次碰到。这头可怜的畜生走在从马拉喀什通往瓦德的路上时,一下就倒在路边死了,它的主人就把它丢在了那里。几条狗在周围徘徊,等着进食,但那神情似乎有些不好意思。(12月16日)

那头死驴(我其实是12月11日看到它的)现在完全成了一副骨架。我发现那些野狗把头留到最后才吃。(12月17日)

我又看到一头死驴子,两条狗正在把它的内脏扯出来。这是我看到的第三头死驴。当地人似乎从不埋葬它们。(1939年1月1日)②

---

① [英]乔治·奥威尔:《奥威尔日记》,宋佥译,上海译文出版社,2014年6月版,第102—103页。

② 同上,第147、151页。

了解这些以后，再来看本杰明的这句话："驴子的寿命长得很，你们还都没见过死驴呢。"可想而知，奥威尔在写这句话的时候，定然会闪过在摩洛哥见过的死驴的场景。关于驴的片段，从日记到小说，让读者对素材与作品的关系多了一层了解，经验之火与想象之光，有赖于作家创造性的转化。本杰明的这句话，也有点像一句宣言，为普天下的默默无声做着苦工的驴发出了声音——毕竟，活得足够长，长过统治者的寿命，也可以视作一种反抗和胜利。

最后请想一想，第三章的前半部分里，你是否可以再举出一个用了对比的例子？

## · 第三章（下）：教育

### 1. 谈艺录Ⅳ：反讽

第三章第二段里有一处对比：

猪实际上并不劳动，而是指挥、监督别的动物干活。由于学识远远超过其他动物，他们自然而然地承担了领导的职责。拳击手和苜蓿自己驾上了割草机或者马拉耙（现在当然用不着马嚼和缰绳了），在地里绕来绕去，步伐稳重。一口猪跟在后面，有时喊一句"加把劲，向前，同志！"有时喊一声"松口气，退后，同志！"

对比的一方是猪，一方是马，在上一讲提到的三种对比（正向、反向、前后）中，显然属于正向对比，因为双方都在劳动。这段话值得专门来作一番研究，此中使用的修辞不止一种，除了对比，还有一种修辞，称为反讽。

什么是反讽？希腊戏剧中有一类喜剧角色叫 eirôn，外表看起来木木的，说话也是笨笨的，所说的话，话中有话，字面意思和被掩盖的本意是不同的，甚至是相反的。后来就由此衍生出一个文学批评的术语：反讽。请留心区别反讽和讽刺。从源头看，讽刺源于希腊语 sarkazein，本义是割肉、划伤，反讽源于希腊语 eirôn，本义是掩盖；从使用时的腔调语气来看，讽刺时常常带有夸张，反讽则往往是不动声色的；从效果来看，讽刺是具有攻击性的，反讽是带着幽默感的。

试想，拳击手和苜蓿在地里劳作多年，如今又已经翻身做主人，割草耙地连马嚼和缰绳都不需要，他们还需要指挥吗？任何指挥都是多余的，他们知道自己该怎么做。但是小说里写道：一门猪跟在后面，有时喊一句"加把劲，向前，同志！"有时喊一声"松口气，退后，同志！"

从字面上来看，猪指挥得多么来劲，多么投入！仔细想一想，会觉得有几分不对，有必要让猪指挥吗？猪的指挥有实际的价值吗？显然没必要，猪的一本正经在这里显得有几分好笑。这就是反讽。

什么是讽刺呢？来看《格列佛游记》里的一个例子："皇帝手里拿着一根棍子，和地面平行，候选人员一个个依次跑上前去，有时候跳过横杆，有时候在横杆下面来回爬几遍，这完全要看横杆上升或者下降的情形而定……谁表演得最敏捷，跳来爬去的时间最长，就赏赐给他一根蓝丝线。第二名赏给红丝线；第三名赏给绿丝线。

他们都把这些丝线缠两道围在腰间。"①——为了求得一官半职而拼命献媚，不管在哪里都有这种情况，斯威夫特的讽刺很有普遍性。

### 2. 两种教育

第三章的后半部分，主要写了以下内容：星期日的升旗仪式和大集会，动物委员会和学习小组，农场里各种动物的识字能力，消失的牛奶的去向等等。看上去涉及的事情不少，核心词语只有一个：教育。动物们的领导是猪，猪群里的核心领导是雪球和拿破仑，这两位领导都在做教育。第三章的后半部分可以概括成两大类：雪球所从事的教育，拿破仑所从事的教育。

雪球在教育方面，具体做了哪几件事呢？

第一件，雪球亲手设计了动物共和国的国旗。每个星期天上午都有升旗仪式。国旗是用一块绿色的旧桌布改制的，雪球用白漆画了一个兽蹄和一只犄角，他解释说绿色代表英国的田野，蹄子和犄角是动物共和国的象征，终有一天，全世界的动物们会联合起来，用暴力推翻全部现存的人类统治，他们获得的将是整个世界。这种通过国旗的教育是指向未来的教育。

第二件，雪球把动物们组织起来，发起新生活运动，"为母鸡组织了勤生蛋委员会，为奶牛组织了清洁尾巴同盟，为绵羊发起了增白羊毛运动，此外还成立了旨在驯服老鼠和野兔的野生同志再教育委员会等等……也建立了阅读班、写字班等一些小组。"这种通过新

---

① ［英］斯威夫特：《格列佛游记》，张健译，人民文学出版社，1979年12月版，第23页。

生活运动的教育是针对现实的教育。

第三件，雪球提炼了"七戒"的精髓，因为"七戒"太长，好些动物记不住，雪球就把"七戒"含义概括成"四条腿好，两条腿坏"，短短的句子包含了动物主义的基本原理，还向鸟儿解释翅膀也等同于腿，鸟类当然是动物阵营里的成员。这种充分考虑受众的水平和能力的教育，就是因材施教。以上种种，说明雪球很懂教育。

那么，同样是领导者，拿破仑在教育方面做了什么事呢？他只做了一件事，负责九只小狗的教育工作。他的教育方式与众不同，具体有以下几点：

第一，从教育发生的时间来看，是从幼儿时期就开始的，小狗刚一断奶，拿破仑就把他们从母亲怀里抱走了。他们的母亲杰西、蓝铃花估计也是无可奈何的。

第二，从教育的地点来看，选址也很独特，选在一间小阁楼上，只有竖在挽具室的一架梯子可以通到那间阁楼。

第三，从教育管理来看，属于全封闭式的，他叫这些小狗与世隔绝，隔绝得如此彻底，一段时间以后，农场的动物就忘记他们的存在了。

拿破仑之所以这么做，是基于他的教育观念——他认为对幼小动物的教育要比为那些已经成熟长大的动物做任何事都重要。他对那些委员会、学习小组之类的不感兴趣。这种教育观，拿破仑是一直贯彻的，在小说的第九章将会看到，他的后代，那三十一头小猪，也是由他亲自教育的。

### 3. 留白：谁写的字？

区分了两种教育之后，再回到雪球提炼的那几个字，那几个字也被写在墙上，写得很大，写在"七戒"的上方。读到这里，要想一想，这几个字是谁写的？小说中没有告诉我们是谁写的，只是说——"四条腿好，两条腿坏"几个字也被写在大谷仓墙上，写在七条戒律上面，字体更大——在这里，奥威尔用的文学手法，有一个专门的称呼，叫作留白。

如果你能欣赏中国画，练过书法，对留白就不会感到陌生。

齐白石画的虾，纸上空白的地方显然都是水，因为虾在水里；八大山人的一幅《瓜月图》，右下是一个不太圆，甚至有点方的西瓜，中间用墨线画了一圈，被圈进去的部分显然不是空白，那是一个完整的月亮，八月十五的月亮。中国画的空白处，可能是水，可能是云，可能是山，可能是石……看似空白而不空，是以虚代实。

中国书法也是如此，字是黑的，无字处是白的，字里面的笔画是黑的，无笔画处是白的，黑白之间布局要合理，有章法。清代邓石如说："字画疏处可以走马，密处不使透风，常计白以当黑，奇趣乃出。"

留白在文学中也常常被用到，贺知章的《回乡偶书》："少小离家老大回，乡音无改鬓毛衰。儿童相见不相识，笑问客从何处来。"写自己明明是回到家乡，却被问：客人啊，你从哪里来？自己离乡之久，回乡的百感交集，儿童的小和自己的老……，都是留白，有待读者来发掘和体味的。人同此心，心同此理，来看西方经典中的两个例子。

第一例,《创世记》里也有一处让人难忘的留白:有一座城叫所多玛,罪恶甚重,上帝要派使者去毁灭它,亚伯拉罕替所多玛求情说,假若所多玛有五十个义人,你可以饶恕整座城的人吗?上帝说可以,亚伯拉罕继续求情,义人的数量逐次减少,四十五个,四十个,三十个,二十个,直到十个。上帝说只要有十个义人,就不毁灭那城。第二天,亚伯拉罕清早起来,向所多玛那边观看,那地方烟气上腾,如同烧窑一般。——请想一想,所多玛城里有几个义人?

第二例,《哈姆雷特》里,国王的弟弟暗暗地杀了老国王,不到两个月,又娶了王后为妻,这一切发生得如此之快,令人惊愕,莎士比亚并没有直接写出这一个多月里,新国王究竟做了些什么,王后到底是怎么想的。所有这一切,在剧中只用了四句话来写出的,王子哈姆雷特遇见了同学霍拉旭,有了以下几句问答:

霍拉旭:殿下,我是来参加您的父王的葬礼的。

哈姆雷特:请你不要取笑,我的同学;我想你是来参加我的母后的婚礼的。

霍拉旭:真的,殿下,这两件事情相去得太近了。

哈姆雷特:这是一举两便的方法,霍拉旭!葬礼中剩下来的残羹冷炙,正好宴请婚筵上的宾客。霍拉旭,我宁愿在天上遇见我的最痛恨的仇人,也不愿看到那样的一天!我的父亲,我仿佛看见我的父亲。

……

明白了这些，再来看《动物农场》第三章里的这句话——"四条腿好，两条腿坏"几个字也被写在大谷仓墙上，写在七条戒律上面，字体更大——这几个字到底是由谁写到墙上去的呢，为什么作者不告诉我们呢？我们记得第二章里，有一位费尽力气地爬上梯子，用白漆把"七戒"写在涂着柏油的墙上（尖嗓在低处提着油漆桶），字写得很大，从远处都能看得一清二楚，他就是雪球。根据第二章所写的，以及第三章的上下文，我们可以推断，"四条腿好，两条腿坏"这几个字，还是雪球写到墙上去的。

优秀的作者在前文说过一遍，优秀的读者心有灵犀，一点就通，在这里就不必再费力地重复一遍。可见，留白还有一个功能——让文字更精炼。

### 4. 雪球与拿破仑的裂缝

这一章里还出现了一种新的现象，雪球与拿破仑之间有了裂缝："升旗后动物拥入大谷仓举行全体大会，名为大集会。大集会制订未来一周的工作计划，提出各项议案，进行讨论。提出议案的总是那几头猪；别的动物知道怎样表决，自己却想不出任何建议。在讨论中发言最积极的是雪球和拿破仑。但动物们都发现他们俩的意见从不一致：一个提出任何议案，另一个肯定表示反对……在确定不同动物的退休年龄时，两口猪也各抒己见，争论得难解难分。"

在第二章里，革命刚刚成功的时候，我们可以看到这样的句子：

"雪球和拿破仑"用肩膀把门顶开，于是所有动物排成单行，一个跟着一个地走进去……他们进了琼斯的住宅；

"雪球和拿破仑"又把大家召集到一起，涂掉大门横木上的"庄园农场"四个字，改成"动物农场"；

"雪球和拿破仑"叫动物们搬来一架梯子，靠着大谷仓一端的山墙竖起来，书写"七戒"。

第二章里，这二位都是并列在一起的，工作的时候也是亲密合作的。加上尖嗓，这三头猪一起把老少校的遗训发展成动物主义，向动物们宣传解释。

再往前看，小说第一章老少校还在的时候，那天晚上集会的到场，"接着是一群猪，他们立刻都伏卧在台前的稻草上"，就这么一句话，可以看出他们相当默契，亲密无间。

然而到了第三章，几个月过后，动物们都发现他俩的意见不一致了，如果在某些议案上意见不一致，那是很正常的，大家考虑问题的角度不同，侧重点不同，但这里是"他们俩的意见从不一致"，那就不是合作关系，而像是敌对关系了。裂缝渐渐变大了。

亲密战友，后来成了死敌，这样的例子在历史上也不少。最有名的一对在《史记》里有记载，司马迁把他们写在同一个列传里，《张耳陈馀列传》，二人都是大梁人（魏国国都，河南开封），两人相与为刎颈交，是同生共死、断头无悔的好朋友，共同辅佐赵歇为王，后来张耳和赵王被秦军围困在巨鹿城好几个月，陈馀在巨鹿北面，"自度兵少，不敌秦，不敢前"，由此分裂，渐渐地竟成了死敌。刘邦派使者联系陈馀一起出兵攻打项羽，陈馀的回复是："汉杀张耳乃从。"要汉王先杀了张耳，才遣兵助汉，仇恨之深居然到了这个地步。

为什么会这样呢？有两种可能，第一种可能，沟通不畅会导致误解和分裂。第二种可能，对权力的争夺也会导致分裂和斗争。老少校还在的时候，雪球和拿破仑都是老少校的手下，一起服从指挥就是了；老少校去世以后，团队唯一的目标就是推翻琼斯的统治，必须得通力合作才行。等到革命成功以后，进入建设时期，革命的动物变成了建设的主人，规划不一致，构想有差异，渐渐导致了二者的分裂。有古语道"可与同患，难与处安"，有的人可以一起患难，到了和平时期就很难相处了，说的就是雪球和拿破仑的这种情况。

### 5. 牛奶与苹果

不过呢，在这一章里有两件事情，雪球和拿破仑并无分歧。一件是关于养老的，把果园后面的一小块地留起来，作为动物们以后的养老所，这个是全体动物都同意，没有一个反对的；另一件是关于苹果的，苹果专供猪享用，其他动物没有资格，这一决定所有的猪都同意，雪球和拿破仑都没有说什么。从中可以得出的结论是，如果各方的利益共同，那么各方的意见也就容易达成一致。

我们都记得，第二章的尾声是牛奶的神秘消失，牛奶去哪里了呢，在第三章里有了答案：原来牛奶每天都被搅拌在猪食里了。牛奶和苹果是属于猪的特供食品。动物们肯定有意见，尖嗓被派去作解释。须知，一个能平息民愤的解释，必须包含四个步骤：首先，揭示民众的愤怒所在；其次，提供全新的理由；再次，将此事与民众的利益建立联系；最后，七分安慰加三分恐吓。尖嗓善于言辞，这四个步骤都做得很到位，一点一点来看。

"我希望大家不会认为我们猪这样做是出于自私和特权

吧?"——这是第一步,揭示民众的愤怒所在。

"我们许多猪实际上并不喜欢喝牛奶、吃苹果。我自己就很不喜欢。我们之所以要消耗这些东西,唯一的目的是为了保持我们旺盛的精力。牛奶和苹果含有一些对猪的健康必要的物质,这一点在科学上已经证明了。"——这是第二步,提供全新的理由。

"同志们,我们猪是脑力劳动者。咱们农场的组织工作和管理工作都有赖于我们。我们不分日夜关心着你们的福利。正是为了你们,我们猪才不得不吃那些苹果,喝那些牛奶。"——这是第三步,将此事与民众的利益建立联系。

"你们知道不知道,要是我们猪履行不了职责,将会发生什么事?琼斯就要回来了!"——这是第四步,安慰中加一点恐吓。

尖嗓的语气也控制得很好,一开始先要镇住全场,他是大声吼道,到了最后要平复民众的情绪,他几乎是用恳求的语气。尖嗓的解释工作收到了很好的效果——动物们就没有什么话好说了,没有任何争论了,大家都同意叫猪单独享受牛奶和苹果了。

整个第三章,看起来一派欣欣向荣,但我们要看到农场潜伏着的危机,危机源于三重分裂:动物们和琼斯的分裂,大部分动物和猪的分裂,雪球和拿破仑的分裂。

有一个小问题请思考:"茉莉只肯学拼写自己名字的五个字母,其余的就不学了。她用几根细树枝把名字整整齐齐地摆出来,再装饰上一两朵花,然后就围着转圈,自我陶醉起来。"请查找对照"茉莉"一词的英文,想一想,"五个字母"的翻译,你是否认同?

· **第四章：牛棚战役**

上一讲说到读写班的扫盲有成效，穆瑞尔、本杰明都能熟练认字，拳击手学会了 A、B、C、D 四个字母，茉莉的英文名是 Mollie，原文写的是 Mollie refused to learn any but the six letters which spelt her own name，傅惟慈译作"茉莉只肯学拼写自己名字的五个字母"，乍一看是译错了，再想一想，显然译者是经过考虑的，为什么呢？把 Mollie 一词的字母一个个数过去，总共有六个，而用到的字母是五个，因为 l 出现了两次。翻译是一门很细致的手工活。

### 1. 农场外

《动物农场》共十章，除了第四章，其余都分为上下两讲，第四章只安排一讲，因为篇幅较短。尽管篇幅短，却有一场惊心动魄的战役，牛棚战役发生在十月十二日。回顾一下：第一章集会是在二月底三月初，第二章起义是六月二十四日，第三章劳动与丰收是六月底到九月底，第四章的事情发生在十月。也就是说，《动物农场》的前四章里的事件，都发生在同一年里。

第四章的特别之处更在于它的前四节，从一开头就很不一样了："这一年夏末，全郡至少有一半地区已经传开了动物农场发生的事了。雪球和拿破仑每天都派出几群鸽子，吩咐他们混进附近一些农场的动物里，把造反的事说给他们听，教他们唱《英格兰牲畜之歌》。"用了整整四段来介绍农场外的情景。原来读者会以为动物农场就是小说的整个世界，这时随着作者笔墨的宕开，才想起农场外面还有更广阔的天地。

小时候，也许你读过一本叫《霍顿听见了呼呼的声音》的图画书，讲的是一只大象听见了一粒灰尘上传来的声音，原来那粒灰尘上有一个呼呼镇，里面住着许多小小的市民。大象起初生活在自己的世界里，后来他知道了一粒灰尘里的另一个世界。

也许你还读过另一本图画书名叫《变焦》(Zoom)，第一页的画面是一个巨大红色齿轮的一部分，第二页出现了一只大公鸡，第一页的红色齿轮原来是鸡冠，第三页是两个小孩趴在窗前看窗外的公鸡，第四页是有人推开门看到两个孩子在窗前看公鸡……倒数第二页是在太空里的蓝色地球，最后一页一团漆黑，地球成了一个小小的白点。

可见万事万物都不是隔绝的，而是互相联系着的，农场也是整个社会乃至整个世界的一小部分，农场的革命事迹随着《英格兰牲畜之歌》到处传遍了，鸟儿在树枝上咕咕地唱，甚至铁匠叮当打铁、教堂敲钟也都隐约传出这一曲调。人们一听见这首歌就暗暗发抖，它好像预示了人类的末日即将来临。在这个过程中，鸽子是重要的通讯员，传递好消息的使者。因着这样的传播，也让读者看到另外两个农场主的样貌性格：狸林农场的场主皮尔京顿先生，乐天逍遥的绅士派头的农夫，喜欢钓鱼打猎；狭地农场的场主弗里德利克先生，屡屡跟人打官司，精明不吃亏。

### 2. 子弹

战斗中的一幕写得很精彩，电光石火的瞬间，在作家笔下丝毫不乱，读者读起来却有应接不暇之感："雪球这时发出进攻信号。自己领头向琼斯扑去，琼斯看见雪球奔来，举枪射击，铅弹只在雪球的背上划了几道血印，却把一头羊打死了。雪球不等琼斯再次发射，就把二百多磅重的身躯撞到琼斯腿上。琼斯一下子被抛到一个粪堆上，猎枪也从手里飞走了。"

奥威尔在缅甸做过警察，也在西班牙前线打过仗，大凡写跟作战有关的场面，都写得很精彩。一个写作者，对于自己熟悉的东西，方能写得最好。对于新手来说，可不可以写一个全新的领域？当然可以！前提是你要沉浸于其中很长一段时间，直到把它变成自己熟悉的领域，这样才能写好。

1936年，奥威尔写过一篇《射象》，回忆他在缅甸毛淡棉担任警察时，要射死一头发了疯踩死人的大象："我扣板机时，没有听到枪声，也没有感到后坐力——开枪中的时你总是不会感到的——但是我听到了群众顿时爆发出高兴的欢叫声。就在这个当儿——真是太快了，你会觉得子弹怎么会这么快就飞到了那里——那头象一下子变了样，神秘而又可怕地变了样。它没有动，也没有倒下，但是它身上的每一根线条都变了。它一下子变老了，全身萎缩，好像那颗子弹的可怕威力没有把它打得躺下，却使它僵死在那里了。"[1]

短短几行，有两处写得相当高明。

第一处，写声音，不写枪声，而写群众的欢叫声。枪声在前而欢叫声在后，一个全神贯注的射手在扣动扳机时听不到自己的枪声，

---

[1] [英]乔治·奥威尔:《我为什么要写作》，董乐山译，上海译文出版社，2007年6月版，第75页。

这是有可能的，因为他的注意力全部在远处的目标上；击中目标之后，放松了，随即就听到了群众的欢叫声。

第二处，写目标被击中后的变化，"一下子变了样，神秘而又可怕地变了样。它没有动，也没有倒下，但是它身上的每一根线条都变了。它一下子变老了，全身萎缩"，生命因被死亡降临时的覆盖而变了样，线条的扭曲、全身的萎缩、面目的变老，这个场面只延续了几秒钟，奥威尔全部都捕捉到了。

1937年5月20日凌晨5点，奥威尔在西班牙的韦斯卡前线，被狙击手击中喉部，子弹从气管和颈动脉之间射入，从颈后穿出，万幸大难不死，事后他追忆当时的情境："大致说来，那种感觉就像处在爆炸的中心。好像有一声巨响和一道眩目的闪光完全包围了我，然后我感到一阵剧烈的震动——没有疼痛，只是一阵猛烈的震动，就像触了电；震动之后，只觉得全身虚弱无力，类似遭电击的感觉，全身麻木。我面前的沙袋被震出很远。我想如果你曾被闪电击中过，你就会体会得更深刻。我立刻意识到自己中弹了，但是因为有巨响和闪光，我以为是旁边的来复枪意外走火击中了我。所有这一切都发生在不到 秒钟的时间里。接下来，我的膝盖软了，我身子倒下去，头撞到了地上，发出一声闷响。让我稍感安慰的是，头并没撞伤。我感到头昏目眩，觉得自己伤得很重，不是一般的疼痛。"①

奥威尔从小就喜欢玩炸药，他喜欢打仗的感觉。1941年，奥威尔在伦敦训练民兵，很投入，他的妻子爱琳抱怨说："我能忍受住壁

---

① ［英］乔治·奥威尔：《向加泰罗尼亚致敬》，李华等译，江苏人民出版社，2006年3月版，第152页。

炉台上搁炸弹,可我受不了床下边放一挺机关枪。"民兵训练时,"当奥威尔把错误种类的炸弹放进去并下达开炮命令后,那个握持迫击炮的人门牙全被打掉,另外一人则整整一天一夜不省人事。"①

1943 到 1944 年间,奥威尔在创作《动物农场》时,写到里面的战争场面,肯定调动了之前的战斗经验。读者在纸上读来,也能感到字里行间的硝烟弥漫。

### 3. 牛棚战役与《孙子兵法》

为什么动物们能获胜呢?是因为琼斯一行的入侵,动物们早有预料,也做了准备。雪球担任这次防卫战的指挥工作,布置周详,小说里写道,雪球专门研究了一本讲述恺撒大帝历次战役的书,从中汲取了许多智慧。看来兵法不分东西方,作战的基本原理是相通的,如果我们仔细研究雪球的战略,就会惊奇地看到,完全符合《孙子兵法》的教导。

《孙子兵法》虚实篇,"孙子曰:凡先处战地而待敌者佚,后处战地而趋战者劳。故善战者,致人而不致于人。"意思是说,凡是先在战场等待敌人的,就主动从容,后到战场的仓促应战的就被动疲劳。所以善于指挥作战的人,总是调动敌人而不被敌人所调动。

牛棚战役里,动物们正是以逸待劳的:"琼斯带着手下的工人,连同狸林和狭地两个农场的五六个人到农场里来了。他们已经走进了横钉着五根栏木的大门,正沿着马车路往农场走呢……(雪球)

---

① [美]杰弗里·迈耶斯:《奥威尔传》,孙仲旭译,东方出版社,2003 年 11 月版,第 278—279 页。

立即下达战斗命令,几分钟内,每个动物就已各自守在自己的位置上了。"

《孙子兵法》势篇,"故善动敌者,形之,敌必从之;予之,敌必取之;以利动之,以卒待之。"意思是说一个好的指挥官,善于调动敌人,设置假象来迷惑敌人,敌人一定被牵着鼻子走。把一点好处给敌人,敌人一定会伸出手来抓。用小小的利益来诱敌深入,那里有伏兵等着他们。

雪球的兵法简直就是上面这段的实际演练——"雪球突然尖叫了一声。这是撤退的信号,所有动物听到这个信号立刻掉头从门口退回院子。人们发出了胜利的欢呼声。正像他们想象的那样,他们看到动物已经溃逃了。于是进攻者不再保持整齐的阵容,只顾向前追击。这正是雪球定下的计策。这伙人刚走进院子,一直埋伏在牛棚里的三匹马、三头牛和另外几口猪就突然从后面冲过来,把进攻者的归路切断。雪球这时发出进攻信号。"——撤退,造成溃逃的假象,引诱敌人追击,进入包围圈,切断退路,伏兵出击,一切都按照雪球的计策进行。

《孙子兵法》谋攻篇里有一句制胜名言,"上下同欲者胜",长官和士兵同心协力,这样的军队能得胜。雪球的战略计划里含有第一轮进攻、第二轮进攻,和撤退之后的第三轮总攻。

第二轮进攻,"他自己带头,率领着穆瑞尔、本杰明和所有的绵羊冲了过去,从四面八方对来犯的人又顶又撞",身先士卒,何等英勇!

第三轮,雪球发出进攻信号,"自己领头向琼斯扑去……琼斯一下子被抛到一个粪堆上，猎枪也从手里飞走了"，可见，雪球既是牛棚战役的总指挥官，也是短兵相接，冲锋陷阵的先锋。上下同欲者胜，动物们士气大振，这些入侵者跑出院子，朝着大路方向抱头鼠窜。就这样，不到五分钟时间，入侵者已经惨败。

在这一章里，动物们大获全胜，雪球光彩夺目。值得留意的是，拿破仑几乎没有被提及，只在第四章开头处闪了一下，后来可能是作为伏兵中的一员，"这伙人刚走进院子，一直埋伏在牛棚里的三匹马、三头牛和另外几口猪就突然从后面冲过来，把进攻者的归路切断"，没有提到拿破仑个人的光辉战绩。两位领导者，一个光辉，一个暗淡，反差很大。

### 4. 舆论与传播学

从舆论与传播学的角度来考察第四章，可以发现一些新的东西，留意第四章的开头，作为战斗的双方，动物们和琼斯都知道舆论的重要性，但是动物们比琼斯更懂得传播学。请看动物们是怎么做的："这一年夏末，全郡至少有一半地区已经传开了动物农场发生的事了。雪球和拿破仑每天都派出几群鸽子，吩咐他们混进附近一些农场的动物里，把造反的事说给他们听，教他们唱《英格兰牲畜之歌》。"而琼斯呢，他是这么做的："这一段日子琼斯先生多半消磨在威灵顿的红狮酒馆里。只要有人肯听，他就唠唠叨叨地向人们诉苦，述说他如何被一群流氓畜牲从自己的产业赶出来这段极不公道的荒谬故事。"

最大的区别是动物们有意识地传播信息，而琼斯只是本能地诉苦。于是导致了行动上的一系列差别。

第一，动物们使用更好的传播工具（信鸽）；

第二，动物们把有频率的传播作为日常工作的一部分（每天都派出几群鸽子）；

第三，动物们有明确的传播目标（附近一些农场）；

第四，动物们所传播的信息，具有多样的艺术形式，"把造反的事说给他们听"，这是文学和历史的形式，"教他们唱《英格兰牲畜之歌》"，这是音乐形式，艺术形式多样，感召力就更强；

第五，动物们传播的信息，关系到每一个农场，每一种动物，而琼斯唠唠叨叨的诉苦，只关系到他自己。

再来看第四章的结尾部分，是讨论这场战役的命名。命名不是一件小事，《创世记》里有一个至关重要的情节，神创造亚当之后，把各样走兽和飞鸟都带到亚当面前，亚当就给动物都起了名。可见，造物主是把命名这件大事充分授权给人类的。《论语》里也谈到过命名的重要性，孔子说："名不正，则言不顺，言不顺，则事不成，事不成，则礼乐不兴。礼乐不兴，则刑罚不中。刑罚不中，则民无所措手足。"成语"名正言顺"就是从孔子这段话里来的。

对于一个事件的命名，常见的有四种方式：时间命名、空间命名、人物命名、特征命名。

甲午海战、辛亥革命、5·12汶川地震、9·11事件（纽约世贸大楼遇袭）、九一八事变（1931年日本关东军突袭沈阳，武力侵占东北），这些是以时间来命名的。

《马关条约》、南京大屠杀、切尔诺贝利事故，这些是以某个地点来命名的，正面的也有，比如博鳌论坛、乌镇互联网大会。

人物命名，如马加爵案、孙志刚案。

特征命名，如七十码、MH370。

时间命名，便于成为一个纪念日，周而复始，我们的二十四节气也是时间命名的。空间命名在战争中较多，上甘岭、珍珠港、中途岛、敦刻尔克……往往是一个标志性的地点。

明白了这些之后，重读第四章的最后一段，就特别有意思："关于这场战斗应该叫什么名字，动物们讨论了很久。最后决定叫'牛棚战役'，因为向敌人奇袭的伏兵就埋伏在牛棚里。琼斯先生的猎枪被发现抛在泥土里；动物们还发现他原来的住房里存着不少子弹。他们决定把这支枪架在旗杆底下当作礼炮，一年鸣放两次，一次在十月十二日牛棚战役周年纪念日，一次在施洗约翰节——动物造反纪念日。"

到此为止，动物农场有了两个属于自己的节日，6月24日（动物造反纪念日），10月12日（牛棚战役纪念日），前者是以事件的特征来命名的，后者是以地点来命名的。总而言之，农场里的动物们，很懂得舆论的重要性。

最后，请找一找，在第四章里，鸽子还在哪些方面发挥了作用？

## · 第五章（上）：出走

### 1. 鸽子的功劳

上一讲说到鸽子在多处发挥了作用。除了信使，还是负责瞭望的哨兵,小说里写道:"十月初,谷物都已收割、码好垛,一部分已经脱粒。这时一群鸽子在空中盘旋了一圈,飞落到农场的院子里,神情激动得不得了。琼斯带着手下的工人,连同狸林和狭地两个农场的五六个人到农场里来了……"及时通报观察到的敌情,让农场里的动物们早早做好迎战的准备。在战斗中,鸽子是第一批战士,"当进攻的人群走近农场的建筑物时,雪球发出第一号攻击令。鸽子总数多达三十五只,立即在头顶上飞来飞去,不断把鸽粪屙到人们身上。正当这伙人忙着对付鸽子,藏在树篱后的一群鹅冲了出来,开始凶狠地撕咬他们的腿肚子。但这还只是雪球安排的一场小小的接触战……"打得对方措手不及,打乱了进攻者的阵容。牛棚战役的获胜,有鸽子的功劳。

### 2. 震惊:茉莉出走

前四章的事件都发生在第一年,第五章的一开头写道茉莉失踪,依然是在第一年,估计是在第一年年底。也就是说,自从6月24日动物造反成功后,茉莉在动物农场里待了半年,到年底就离开了。第五章后半部分主要围绕风车计划而展开,两位领导有分歧,因此拿破仑驱逐了雪球,雪球比茉莉多留了几个月。雪球的出走是被迫的,茉莉出走是主动的,也恰恰是因为茉莉主动选择了离开农场,这一行为震惊了农场的动物和读者。

为什么会震惊呢?因为农场的生产欣欣向荣,也击退了人类的进攻,《英格兰牲畜之歌》广为传播,动物们的理想眼看就要实现了,就在这当儿,竟然有动物以脚投票,不和大家一起奔向"像黄金般灿烂的未来",而去投奔一个酒馆老板。这种行为对其他动物来说,是多么大的打击!这个打击的力度和伤害性,甚至超过了琼斯一行的进攻。击退琼斯一行后,动物们颁奖庆功,欢天喜地;茉莉出走后,"动物们就都闭口不提茉莉的事了",从动物们的讳莫如深中可以看出茉莉出走的力度和伤害性,她动摇了全体动物的信仰根基。

那么,茉莉是什么时候离开,以怎样的方式离开的呢?大家对此一无所知,动物们只知道她失踪了,谁也不知道她到什么地方去了,接连几周没有消息。直到鸽子带回消息说看到威灵顿市的一个酒吧前,茉莉拉着一辆轻便马车,一个红脸汉子"一边摸她鼻子一边喂她糖块吃。茉莉的鬃毛重新修剪过,额头上系着一条鲜红的飘带,看来非常得意"。

茉莉为什么要离开?第五章的开头是这样写的:"冬天快要到了,茉莉也变得越来越难以管教了。每天早上干活儿她总是迟到,她为自己开脱说睡觉睡过了头。她还总是抱怨身体这里、那里说不出缘由地疼痛,虽然她的胃口好得惊人。她寻找各式各样的借口逃避劳动,总是跑到水塘边上,呆呆地凝视自己在水中的影像。"

她的行为可以概括为:以种种方式逃避劳动。她逃避的是什么劳动呢?第三章里写动物们收割牧草、耙地、收割谷物等等,都是地里的体力活。是不是茉莉太懒,逃避一切劳动呢?好像不是,因为后来鸽子看到的一幕是:"茉莉驾着一辆漆成红黑两色的轻便马车,马车正停在一家酒吧前边。"可见她并非逃避一切劳动,只是希望有合乎心意的工作机会,而她中意的工作,就是拉载人的双轮轻便马车。茉莉离开的第一个原因，是在革命之后的农场，找不到适合自己的工作。这也是她表现出迟到、逃避的根本原因。

茉莉离开的第二个原因，则跟她的审美有关。她在意自己的姿容，倾心于美丽的装饰，而动物农场的主流美学是乡土式的力大为美，茉莉则有脱离乡土的倾向，就生活方式而言，显然她更喜欢行走在城镇整洁的道路上。

### 3. 苜蓿的教育

茉莉的离开，还与苜蓿有关。苜蓿以长辈的身份（姑妈或阿姨）做了两件事情。第一件事是找茉莉谈话，请她解释这天早上的行为："今天早上我看见你站在咱们农场同狸林农场交界的篱笆旁边往那边看。站在篱笆另一边的是皮尔京顿的一个工人。我虽然站得很远，可是我觉得还是看得清清楚楚。那个人正同你说话，而且你还让他摸你的鼻子。这是怎么回事，茉莉？"苜蓿是语重心长的，茉莉被戳穿后就跑开了。接来下苜蓿做了第二件事，写在第五章第六节里，请留心察看第六节与第七节的衔接——

"苜蓿灵机一动，想了个办法。她对谁都没说就独自走进茉莉的马厩，用蹄子在稻草中翻寻。藏在草下面的是一块方糖和几束各种颜色的饰带。

三天以后茉莉失踪了……"

前文提到了一种手法叫留白，计白以当黑，奇趣乃出，这里也是如此。身为长辈的苜蓿，一直都温柔而有爱心，第一章里那窝孤儿小鸭子，就是趴在苜蓿用前腿圈成的屏障里的。找到了方糖和飘带之后，她会不会继续找茉莉谈话呢？作者没有告诉我们，身为读者，我们也只能谨慎地说：有可能。看来，苜蓿的管教是导致茉莉出走的直接原因。

苜蓿做得对不对呢？应该说是对的。她关心年轻人，教导他们要遵纪守法，坚持原则。从家庭教育的角度来看，苜蓿做得好不好呢？也许做得不是太好。她"灵机一动，想了个办法。她对谁都没说就独自走进茉莉的马厩，用蹄子在稻草中翻寻。藏在草下面的是一块方糖和几束各种颜色的饰带"，这和某些家长没有经过孩子的允许，探视孩子的房间，偷看日记本或聊天记录，本质上没有什么区别。有的家长还会把这些侵犯隐私所得的内容作为证据，这样就对孩子造成了更大的伤害。

康·帕乌斯托夫斯基的小说《金蔷薇》里，老清洁工夏米请老工匠打了一朵极其精致的蔷薇花，蔷薇花旁边有根细枝，枝条上有一朵尖形的小巧的蓓蕾。夏米珍爱这朵金蔷薇，藏在枕头底下。后来夏米死了，他的朋友老工匠来处理好后事，"从灰不溜丢的枕头底下拿出了用一条揉皱了的天蓝色缎带包好的金蔷薇，然后掩上吱嘎作响的门扉，不慌不忙地走了……这时正是深秋"①——处理死者的遗物，这样的翻看检查是合乎人情事理的。作为谨慎的读者，我们也不妨大胆猜测，也许茉莉并不是因为被狸林农场的人摸了鼻子而出走的，而是因为被苜蓿翻寻到方糖和飘带而出走的。

---

① [俄]康·帕乌斯托夫斯基：《金蔷薇》，戴骢译，上海译文出版社，2010年8月版，第12页。

### 4. 谈艺录Ⅴ：连点成线法

中长篇小说里的角色塑造，作家可以不慌不忙地，在一段较长的时间里，让角色渐渐显出全貌。一个典型的例子，比如罗贯中在《三国演义》第三回写吕布，是分成多个点，渐渐连成线的。

第一个点：李儒见丁原背后一人，生得器宇轩昂，威风凛凛，手执方天画戟，怒目而视。（从李儒眼中画出整体的静态印象，一个威武的站姿，加上兵器方天画戟。）

第二个点：卓按剑立于园门，忽见一人跃马持戟，于园门外往来驰骤。（从董卓眼中再画整体的印象，方天画戟依然在，添了一匹马，是骑马的动态。）

第三个点：卓问李儒："此何人也？"儒曰："此丁原义儿，姓吕名布，字奉先者也。主公且须避之。"卓乃入园潜避。（一问一答，从李儒口中得知吕布的姓名，且要董卓躲避，写出吕布的攻击力。）

第四个点：次日，人报丁原引军城外搦战。卓怒，引军同李儒出迎。两阵对圆，只见吕布顶束发金冠，披百花战袍，擐唐猊铠甲，系狮蛮宝带，纵马挺戟，随丁建阳出到阵前。（再加上吕布冠带铠甲，光辉耀眼的战斗姿态。）

随着这些点的慢慢增加，吕布的整体轮廓就清晰起来了，到了第五回刘关张三英战吕布，围住吕布转灯儿般厮杀，八路人马都看得呆了，吕布的神勇就长久地印在读者的心里了。

中长篇小说里，一个角色不是一次性完成的，而是多点位地逐步显示其性格的，《动物农场》里的角色，也都是如此。茉莉只是一个配角，只出现在书的前半部分，奥威尔以连点成线的方法，勾勒出令人难忘的一个印象。前四章里，与茉莉相关的段落，加在一起不过五百字左右，拎出来放在一起读，就能体会到作者的匠心了——

（1）给琼斯先生拉双轮车的小白母马茉莉直到聚会快开始才来。茉莉长得很漂亮，但没有头脑；她迈着细碎的步子扭扭摆摆地走进来，嘴里还嚼着一块方糖。她在靠前边的地方找了个位子，立刻就甩动起自己的白色鬃毛，卖弄系在上面的红飘带。（第一章）

（2）最愚蠢的问题是白马茉莉提出的。她问雪球的第一个问题是："造反以后还有方糖吃吗？"

"没有了，"雪球语气坚定地说，"我们的这个农场没有做糖的办法。再说你也不需要吃糖，燕麦和甘草有的是叫你吃的。"

"还让我在鬃毛上扎飘带吗？"茉莉又问。

"同志，"雪球解释说，"你这么热衷扎在脖子上的飘带是奴隶的标志。自由远比那些带子可贵，这一点你就不了解吗？"

茉莉同意雪球的话，可是显得并不那么信服。（第二章）

（3）在他们看完这一切走下楼梯的时候，突然发现茉莉不见了。他们又转身回去，只见这匹骒马正待在最漂亮的一间卧室里舍不得离开。她从琼斯太太的梳妆台上拿了一条蓝飘带，对着镜子在自己肩膀上比来比去，正在迷迷糊糊地欣赏自己的芳姿呢！别的动物把她大骂一顿，便都走了出去。（第二章）

（4）几乎没有动物偷懒。茉莉总是拖拖拉拉不肯准时起床，这倒是真的。在干活儿的时候她也总是借口一颗石子夹在蹄子里提前下工。（第三章）

《动物农场》精读示例

（5）"茉莉到哪儿去了？"有谁惊叫起来。茉莉真的不见了。一时大家感到非常惊慌，害怕人们把她伤害了，或者甚至把她抢走了。但是最后茉莉还是被找到了，原来她正藏在马厩里，头埋在马槽的干草中。刚才枪声一响，她就立刻逃离战场。（第四章）

根据以上的逐段罗列，动物们对茉莉的态度，虽然有时不够友善（他们一起大骂过她），但是总体还是关爱她的（牛棚战役后大家一起寻找她）。茉莉爱美，在意发型，迷恋飘带，喜欢吃方糖，不喜欢高强度的农活，害怕血腥的战争……倘若她不是一匹马而是一个人，那么就是一个长发城市女孩的样貌吧。

然而，茉莉依然是神秘的。被大家责骂之后，她心里的感受，她的追求与渴望，她对新的农场生活的适应与不适应，她渐渐成形的行动计划，乃至某天夜里她没有惊动任何邻居，偷偷地离开（对她而言，这需要很大的勇气）……这些我们都不清楚，她的行动轨迹清清楚楚地显示在我们面前，我们却看不透她。优秀的作家，能帮助读者进入一个角色而不说明这个角色，目睹这个角色的发展与成长，但保持着她的尊严与私密性。不要忘记，私密性被侵犯，正是茉莉离开农场的一个原因。

### 5. 哈耶克：为马一辩

在一个共产共有的小社会里，茉莉显然是一个不合群的自由主义者。倘若请一位思想家来为这匹马作一个辩护，思想家哈耶克显然会坚定地站在茉莉这一边，会为她掷地有声地辩护道：

"（茉莉）是利己主义者或是利他主义者，都是无关重要的。重要的是这样一个基本事实,即任何(马)不可能去考察超过一定范围以外的领域,去了解一定数目以外的需要的迫切性。不管(茉莉)的关心是否以(她)自己的物质需要为中心,或者(茉莉)是否热情地关怀(她)所知道的(每一只动物)的福利,(茉莉)所能关怀的目标永远只能是所有(动物)的需要中无限小的一部分。

这就是全部(一匹马主义)哲学所根据的基本事实……由于价值尺度只能存在于(这匹马的)头脑中,因此只能有局部的价值尺度——即(动物们)相互之间不可避免的不同的并且常常互相矛盾的那些尺度。(一匹马主义者)由此得出结论说,在限定的范围内,应当让(一匹马)遵循(她)自己的(而不是其他动物的)价值和偏爱;并且在这个领域内,(一匹马)的目标体系应当高于一切,不受(其他动物)任何命令的约束。"[1]

在这一讲的结尾,请思考一个情境里的问题,假如你是茉莉的好朋友,得知她有离开农场的想法,你会跟她说一番怎样的话呢?

## ·第五章(下):出土

友谊的基础是平等。如果你是茉莉的好朋友,想必你会坦率地说出自己的想法,或挽留,或表示理解,或陪她一起离开……最重要的一点,这个重大的决策必须由茉莉自己来定,一旦她做出了决定,身为好朋友的你,既要为她保密也要给予帮助(有时候默默关心但

---

[1] 弗里德里希·海耶克:《通向奴役之路》,滕维藻、朱宗风译,商务印书馆(香港),2018年9月版,第51页。

不采取任何行动也是一种帮助)。

### 1. 三种分歧和一泡尿

第五章里，雪球和拿破仑的分歧越发明显，任何问题只要可能出现第二种意见，他们俩必定各持一种意见，在公开场合争吵不休。有三个主要问题，他们争执不下：一是关于播种的，二是关于防御的，三是关于建造风车的。动物农场就是一个微型的国家，这三大分歧依次涉及粮食生产、国防和能源，确实都很重要。

在粮食生产方面的分歧主要在种植的种类和施肥的方式。雪球发明了一种节省劳力的直接施肥法，拿破仑不以为然。关于这种直接施肥法，原文是这样写的，all the animals to drop their dung directly in the fields, at a different spot every day，上海译文的版本把这句翻译成"让所有的动物把他们的粪便每天从不同的地点直接排入农田"①，容易误解为动物们从四面八方来到田里上厕所，漏了一层意思，at a different spot every day 的意思是说每天拉在田地的不同区域——这样就一举两得，既省得运输肥料，又均匀施肥了。傅惟慈先生把这句话翻译成"叫动物们每天在不同的地方把粪便直接排泄到耕地里"，当然，如果对应英文的顺序，翻译成"叫动物们把粪便直接排泄到耕地里，每天排在不同的地方"，那就更容易理解了。

在防御方面，拿破仑强调武装自己来保卫农场，雪球则希望点

---

① ［英］乔治·奥威尔：《动物农场》，荣如德译，上海译文出版社，2018年6月版，第38页。

燃革命的火焰,煽动其他农场一起造反,"如果别处的动物都造起反来,这里就不存在防御问题了"。两种观点,各有各的道理,《孙子兵法》里也说"不可胜者,守也;可胜者,攻也",拿破仑主张采用守势,雪球主张采用攻势,是出于对局势的不同判断。在建造风车一事上,雪球显示出了超强的学习能力和绘图能力,而拿破仑则以一个举动表示否定,这是整本书里让人难忘的一段:"只有拿破仑对雪球画的图不屑一顾。他从一开始就宣布反对风车计划。但是有一天他还是突然跑到这里查看来了。他的蹄子沉重地踏着地板,在屋子转了一圈,仔细看了图纸上的每个细节,然后又站在那里斜着眼睛打量了一会儿。突然,他抬起一条后腿,在图上撒了一泡尿就一言不发地走掉了。"

这一泡尿让中国读者想起了孙悟空在如来手掌上所做的事情,要知道,在西方文学传统中,这一泡尿也是源远流长的。

古罗马的名著《金驴记》里,青年鲁巧被阴差阳错地变成了一头驴,吃尽了苦头,被一个老太婆捆起来打,用一块火炭烫他的大腿,驴子"不得不采取唯一给我留下的手段进行自卫,朝她身上浇了一泡尿"[1],也浇灭了那块燃烧的火炭。

《格列佛游记》里,格列佛在小人国,皇后的寝宫失火,火势极大,水源却不在近处,格列佛"撒了一大泡尿,又撒在恰当的地方。所以不到三分钟火就全熄了"[2],当然,皇后恨死了格列佛的这种救火方式。

---

[1] [古罗马]阿普列乌斯:《金驴记》,刘黎亭译,译林出版社,2014年9月版,第192页。

[2] [英]斯威夫特:《格列佛游记》,张健译,人民文学出版社,1979年12月版,第39页。

《动物农场》第五章里,拿破仑"抬起一条后腿,在图上撒了一泡尿就一言不发地走掉了",这一泡尿,在这里意味着彻底的否定、不屑一顾和敌意浓厚的侮辱。小说没有写雪球的反应和其他措施,后面就直接写农场因为要不要建造风车而分成了两派,雪球依然积极地向动物们宣传风车的种种好处……从这些情况来看,雪球更像一位学者或工程师,拿破仑则有独裁者的作风,雪球对拿破仑似乎有所忌惮。

### 2. 二度震惊:雪球出走

写作高手有时候要懂得躲闪(避),南宋胡仔《苕溪渔隐丛话》:"中秋词,自东坡《水调歌头》一出,余词尽废。"据说李白登黄鹤楼,抬头见崔颢《黄鹤楼》,叹息道:眼前有景道不得,崔颢题诗在上头。这两则材料都在说创作中"避"的道理,前人写过的题材说过的话,就不必再拾人牙慧重复一遍了。

但写作高手有时候也要懂得出击(犯),一样的题目,写出两样的文字。范仲淹的《岳阳楼记》,陶渊明的《桃花源记》,尽人皆知,当代作家汪曾祺也写了《岳阳楼记》《桃花源记》,多么勇敢!施耐庵在《水浒》第二十二回写武松打虎,人说三碗不过冈,他喝了十八碗,拖着一根哨棒过景阳冈,果真遇见了老虎!打虎的几段写得精彩绝伦,无人可比。没想到到了第四十二回,又写李逵杀虎,怎么写?不料施耐庵又作了一篇全新的打虎文章,写李逵一夜连杀四只老虎,更加惊心动魄,金圣叹评论道:"写武松打虎,纯是精细,写李逵杀虎,纯是大胆。如虎未归洞,钻入洞内;虎在洞外,赶出洞来,都是武松不肯做之事。"①

奥威尔也是如此,写了一个角色的出走,又写另一个角色的出走,而且放在同一章里来写,一般作家不会这样来做,可见奥威尔的才华与勇气。茉莉的出走是在半夜,雪球的出走是在光天化日之下;茉莉的出走是静悄悄的,雪球的出走是有尖声呼叫和凶猛追逐的;茉莉出走的时候没有惊动其他动物,雪球的出走就发生在农场全体动物的眼前,众目睽睽;茉莉在出走之前,我们可以看出一些端倪,这些迹象她自己也是明了的,雪球的出走,同样可以看出一些端倪,这些迹象却是他没有见到或见到了也没有重视的。请再细读下面这几行:

"随着这一声尖啸,谷仓外传来了一阵令人毛骨悚然的狗吠声。九条颈上戴着镶铜钉脖套的狰狞大狗连蹿带跳地冲进屋子,径直朝雪球扑过去。雪球急忙逃离坐席,刚刚来得及避开几条大狗的尖锐牙齿。一眨眼,雪球已经逃出屋外。九条狗紧追不舍……恶狗越追越近,其中一条的血盆大口几乎已经咬住雪球的尾巴,幸而被他及时甩脱。最后,雪球使出吃奶的力气使劲一蹿,只不过一步之差,他终于从树篱上的一个缺口逃出了农场,转眼就看不见踪影了。"

这是一场早有预谋的公开的军事政变,被驱逐的领导者却一直被蒙在鼓里。政变者使用的武装力量,源于他一手培养的亲信,九条大狗。在小说第三章,写到九只小狗刚一断奶,拿破仑就把他们从母亲怀里抱走了,他亲自教育他们,教育的时间、地点、管理都

---

① [明]施耐庵著、[清]金圣叹评:《水浒传》(注评本),上海古籍出版社,2015年1月版,第615页。

很奇特，最后的教育成果如何呢——在第五章里展现了，"九条颈上戴着镶铜钉脖套的狰狞大狗"，他们成了拿破仑的军队，完全地忠于拿破仑。

### 3. 武装的先知、非武装的先知

这里得提到一本思想史上的名著《君主论》，作者马基雅维里自称是佛罗伦萨的公民和秘书，创建了国民军，后来蒙冤入狱，出狱后白天砍柴为生，晚上在书斋里创作，就这样写成了《君主论》二十六卷，等到1532年出版时，作者已经去世五年。这部书结合历史经验，探讨君主国的种类，君主统治的种种方法，在第六卷中有一段话，越过了四百多年的时间，可以作为拿破仑与雪球的争斗的注解。

"如果我们想透彻地探讨这件事情，那就必须研究这些革新者是依靠自己还是依靠他人；换句话说，为着实现其宏图大略，他们必须恳求人们，抑或是使用强迫的方法；在第一种场合，结果总是恶劣的，并且永远不会取得什么成就。但是如果他们依靠自己并且能够采取强迫的方法，他们就罕有危险。所以，所有武装的先知都获得胜利，而非武装的先知都失败了。因为，除了上述理由之外，人民的性情是容易变化的；关于某件事要说服人们是容易的，可是要他们对于说服的意见坚定不移，那就困难了。因此事情必须这样安排：当人们不再信仰的时候，就依靠武力迫使他们就范。"[1]

---

[1] [意]尼科洛·马基雅维里：《君主论》，潘汉典译，商务印书馆，2017年5月版，第27页。

有些读者会对号入座，把拿破仑与雪球对应当时苏联的斯大林与托洛茨基，不过奥威尔是这样说的："我从来没有去过俄罗斯，我对它的了解只是通过读书看报而得到的。即使我有这力量，我也不想干涉苏联内部事务：我不会仅仅因为斯大林和他的同事的野蛮和不民主的手段而谴责他们，很有可能，即使有最好的用心，在当时当地的情况下，他们恐怕也只能如此行事。但是在另一方面，对我来说，极其重要的是，西欧的人们应该看清楚苏联政权的真正面目。"[1]伊萨克·多伊彻为托洛茨基写的传记三部曲，写尽了他作为革命家、理论家、流亡者，直至在异国他乡被刺杀的一生，书名依次叫《武装的先知　托洛茨基：1879—1921》《被解除武装的先知　托洛茨基：1921—1929》《流亡的先知　托洛茨基：1929—1940》。

### 4. 制度的两大改变

雪球被驱逐之后，拿破仑做了两件事情，这两件事都是制度上的改变，对普通动物们的影响是巨大的。第一件事，拿破仑向动物们宣布，从今以后，农场劳动的各种问题不必再由全体动物公开讨论、投票表决了，任何决议都由一个由猪组成的特别委员会决定，决定后传达给全体就行了。这意味着什么？这意味着动物们失去了参与农场管理的主权，也失去了决定农场前途的自由选择权。

林肯有一句名言，选单胜过子弹（The ballot is stronger than the bullet）。在琼斯时代，农场中动物们是奴隶，当然不可能有投

---

[1]　［英］乔治·奥威尔：《动物农场》乌克兰文版序，《我为什么要写作》，董乐山译，上海译文出版社，2007年6月版，第111—112页。

票权，动物们宝贵的投票权是流血流汗，对抗人类的子弹，以生命为代价争取来的。而到了拿破仑时代，他的一句话就让全体动物又失去了投票权。这就意味着，动物们已不再是农场里的公民，而又沦为新时代里事实上的奴隶了。

第二件事更离奇，老少校在半年前就已经安葬在苹果园，尘归尘土归土，拿破仑却下令从地下挖出头骨，放在旗杆下的一块木墩子上，旁边放着一杆猎枪，每周日早上升旗以后，动物们要排成一行，恭恭敬敬地从头骨前面走过，然后才走进谷仓。这个仪式，从人类学的角度来看，属于原始形式的头骨崇拜。

把这两件事放在一起来看，显得意味深长。一方面，动物们的政治权利被剥夺；另一方面，动物们被迫加入某种偶像崇拜的仪式。崇拜的对象表面上是老少校的头骨，事实上却是拿破仑本尊，中国有句古语叫"挟天子以令诸侯"，这里拿破仑是挟骷髅以令劳苦大众。让我们梳理一下周日上午动物们的活动流程：

一、集会升旗，向农场场旗致敬。

二、唱《英格兰牲畜之歌》。

三、排成一行，从头骨前面走过。

四、进入谷仓，坐在地上，听台上的拿破仑宣读一周工作计划。

五、再唱《英格兰牲畜之歌》，结束集会。

倘若老少校有灵，看着自己的骸骨放在露天，没有入土为安，而新一代的领导站在台上耀武扬威，发号施令，不知会作何感想。

### 5. 语言的两大改变

改变发生在制度上，也会发生在语言上。《动物农场》一共十章，第五章是前半部的最后一章，内部突转，局势的突然变化，一定会导致与之匹配的新的词语，新的句子，新的口吻。

语言的两大改变，发生在两个主要角色身上，一个是尖嗓（统治阶层猪的一员），一个是拳击手（普通动物中的一员）。

先来看尖嗓的语言。雪球被驱逐，民主投票被宣布取消之后，尖嗓到农场各处走了一圈，向动物们解释为什么要做出这样的新安排，尖嗓说："更重要的是忠诚与服从。至于牛棚战役的事，我相信总有一天我们会发现，雪球的作用被过分夸大了。纪律，同志们，我们需要铁的纪律！这就是我们今天的口号。只要走错一步，我们的敌人就会骑到我们脖子上来。同志们，你们肯定不想叫琼斯再回来吧？"

倘若我们翻回到第三章的结尾，在解释为什么猪要独享苹果和牛奶，尖嗓一边跳来跳去，一边甩动着尾巴，几乎是用恳求的语气说："我敢肯定，你们中间谁也不希望看到琼斯回来吧！"两处相比较，有一点明显的变化，那就是尖嗓的语气变了，起初几乎是用恳求的语气，如今则是斩钉截铁的语气，不容置疑的。

再来看拳击手的语言。他全心全意地跟着拿破仑走，从这时候起，除了"我要更努力干活儿"这句口头禅外，另一句经常挂在他嘴边上的话就是"拿破仑永远是正确的"。这两句话的重点是不同的，"我要更努力干活儿"是自我勉励，指向的是工作。"拿破仑永远是正确的"

是表忠心，指向的是领袖。《左传》说得好，"人谁无过，过而能改，善莫大焉"，"拿破仑永远是正确的"这句话，意味着拿破仑已经不是地上的普通生物了，而是从一头猪被造成一个神了。

尖嗓是拿破仑的喉舌，他的语气就是拿破仑的语气，不知从什么时候开始，拿破仑练熟了统治术，自我膨胀不已，直到自我封神。《君主论》也说过："一个强有力的果敢的君主，此时一方面要使臣民感到有希望，相信祸患不会长久下去；另一方面又要使他们对于敌人的残酷感到恐惧，同时把自己认为过于莽撞的人们巧妙地控制起来。"① 当拿破仑宣布还是要建造风车，而尖嗓说风车本来就是拿破仑的创造，动物们也就接受了。

在苏联历史上有过类似的事件，斯大林趁着托洛茨基离开莫斯科去高加索海滨养病时，"窃取并实施了托洛茨基的观点。托洛茨基曾强调'无产阶级支部'的薄弱是党的官僚主义怪胎的主要根源，并力促党从工人阶级中吸收更多党员。无疑，他的这个要求为他在工人当中赢得了同情。三驾马车（斯大林、季诺维也夫、加米涅夫）决定立即在工厂中发动一次轰轰烈烈的征集新党员运动。但与托洛茨基建议的要小心选择所不同的是，他们却决定大规模地接受一切要求入党的工人，取消一切考察和各种条件。"②

电影《辛德勒的名单》里，囚犯们建造营房时，犹太女工程师

---

① ［意］尼科洛·马基雅维里：《君主论》，潘汉典译，商务印书馆，2017年5月版，第51页。

② ［波］伊萨克·多伊彻：《被解除武装的先知 托洛茨基：1921—1929》，周任辛译，中央编译出版社，1999年1月版，第147—148页。

丽达跟纳粹军官说，地基必须重打，否则营房南端会沉降，导致营房坍塌……纳粹军官沉吟了片刻，突然拔枪，当众打死了这位毕业于米兰大学的工程师，然后吩咐手下，按照工程师的意见去做——这是何等残酷的行为呀。

最后请想一想，作为农场宪法的"七戒"，是一直被遵守着，还是被暗暗违反了呢？如果是后者，请举出实例。

## · 第六章（上）：入侵

### 1. "七戒"破二，暗暗地打破

> 一、凡用两条腿走路的都是敌人。
> 二、凡用四条腿走路或者有翅膀的都是朋友。
> 三、一切动物都不许穿衣服。
> 四、一切动物都不许睡床铺。
> 五、一切动物都不许喝酒。
> 六、一切动物都不许杀害其他动物。
> 七、所有动物都是平等的。

对照"七戒"，回顾第五章，拿破仑驱逐雪球，违反了第二戒"凡用四条腿走路或者有翅膀的都是朋友"。

后来的集会，三头猪（拿破仑、尖嗓、小不点）坐在高台上，九条狗围坐在旁，其余动物坐在台下的地上，座位显示着等级差异，违反了第七戒"所有动物都是平等的"。倘若是一个平等的会议，座位的排列不分高低上下，往往是一张圆桌，称之为圆桌会议。

那么，对"七戒"的违反，是不是从第五章开始的呢？仔细想一想，也许要追溯到更前面，第二章里，"七戒"刚刚颁布完毕，猪给奶牛挤整整五桶冒着泡沫的鲜牛奶，"这些牛奶怎么办？"有动物问。拿破仑吼道："牛奶会照管好的。收割牧草的事更重要。雪球同志给大家带队。我过后几分钟就去。前进，同志们……"于是动物们去收割牧草，晚上回来牛奶已经不见了。后来动物们才得知无论是牛奶还是苹果，都由猪们专享了。这也违反了第七戒，"所有动物都是平等的"。

"七戒"的颁布是在第二章，牛奶事件也发生在第二章，也就是说，"七戒"刚刚在墙上刷好，白漆未干，旋即就被打破了，制定"七戒"和打破"七戒"的是同一批猪。由此可知，农场不是一个法治社会（rule of law）——任一成员都服从于同一法律之下；而是一个法制社会（rule by law），某些成员制定法律来统治其他成员，法律制定者可以逍遥法外。

这两个同音词的区分很重要，2018年3月，第十三届全国人大第一次会议通过的《中华人民共和国宪法修正案》，就把序言中的"健全社会主义法制"改为"健全社会主义法治"。

### 2. "七戒"破三，明明地打破

第五、第六章写的是第二年的事，从春耕一直写到年底，贯穿全年的是建造风车。如果上一章对"七戒"中第二戒、第七戒的违反是暗暗的，大部分动物们是不知不觉的，那么这一章里对"七戒"

的违反，则是当众发生，所有动物都目击了这一幕。

一个星期日上午，拿破仑宣布了新政策，因为造风车急需物资，打算出售干草、小麦来换取，已经请了一个中间人叫温佩尔，是威灵顿的律师，每周一来农场办理事务。

"七戒"的第一戒规定："凡用两条腿走路的都是敌人。"什么叫敌人？敌人，就是与己方有仇恨而相对抗的人。对抗就是相互警戒，互不来往，甚至发生战争。怎么可以与敌人做生意呢，那岂不成了贸易伙伴了吗？显然，拿破仑的这项新政策，违反了第一戒。

拿破仑说"所有的准备工作他都办好了，任何动物都不必同人类发生接触，因为显然没有一个动物愿意这样做。拿破仑准备把整个担子担在自己肩上"，中间人势必要进入农场，而农场就是动物们的家园，怎么可能不侵犯到动物们呢？可惜，动物们的思考力和表达力都不高，又害怕那些凶猛的狗，本来应该当场反驳、阻止拿破仑的错误决策的。于是，到了星期一，温佩尔果然来了。

到此为止，"七戒"中有三条（一、二、七）已经被打破了。

### 3. 幸福指数的滑落

幸福是一种内在的充盈感，幸福与否只有自己心里知道。幸福感会外溢出来，表现可见的情绪。整本书里，动物们的幸福指数最高的那一天，估计是革命成功的当天和次日，"他们唱起了《英格兰牲畜之歌》，从头唱到尾，一连唱了七遍，然后各自就寝。他们从来没有睡得这么香甜过。第二天……动物们冲到山顶，在清晨明亮的光线中，他们向四周眺望。一点不错，农庄现在是他们的了，凡是他们能看到的东西都归他们所有了。在一阵狂喜中,动物们兜着圈儿奔跑、撒欢儿,兴奋得一个劲向半空蹿跳。他们在露珠里打滚,一口一口地啃着甘美的夏草,把脚下的黑土块踢得四处飞溅,使劲吸着田野的芳香气味……"

这般高数值的幸福感,可以称之为巅峰体验,就像登山一样,登顶的时刻是漫长的上山与下山时间里的一小段,幸福的巅峰体验也不会一直持续下去,但总体而言,革命成功后的半年里,动物们的幸福指数是超过琼斯时代的(尽管雪球被驱逐的一幕令他们有些惶惑不安)。直到第二年年初,尽管工作强度很高,既要日常劳作,又要建风车,但他们是为了自己而努力做工,再苦再累也值得,第六章开头写道:"这一年动物们一直像奴隶般地干苦役活。但是他们的心情是愉快的……"

读第六章,须特别留心一点——动物们的幸福指数。

当拿破仑宣布开始贸易的新政策之后,动物们又一次感到惶惑不安,这种不安是如此强烈地蔓延着,以至于尖嗓不得不到农场各处走了一圈,去抚慰他们。须知,幸福感是源于爱,惶惑感就是怕,爱与怕是难以兼容的。得知有人要进入动物农场,动物们的幸福指数就大大降低了。

待到周一,温佩尔真的来了!动物造反以来,进入农场的都是敌人,都被打得落花流水,落荒而逃,这才有了牛棚战役纪念日。如今呢?温佩尔来了,温佩尔"是个矮个子,蓄着连鬓胡子,相貌狡诈……动物们看着这位温佩尔先生在农场里进进出出,心头不无恐惧,总是尽量远避着他"。更严重的问题在于,温佩尔并不是来了一次就结束了,根据拿破仑的决定,以后的每个星期一,温佩尔都会如约来到动物农场,难怪动物们"心头不无恐惧"。与惶惑相比,恐惧的程度更深,持续时间也更久。可见,自从温佩尔到来之后,动物们的幸福指数就一落千丈了。

风车成了他们的安慰,日日月月辛苦地劳动,期盼着风车建成后能带来的诸多便利与轻松,想到这些,动物们会快活起来,幸福指数略有回升。

但是,一场灾难袭击过来,"有一天夜里,狂风怒号,农场所有的建筑物都刮得摇摇晃晃……次日清晨,动物们从各自的棚里、窝里走出来……每个动物都从喉咙里发出一声绝望的呼号。原来他们看到了一个极其可怕的景象——风车已经成为一片废墟了……动物们惊吓得说不出话来,只是悲苦地站在那里,呆呆地望着倒塌的乱石堆。"——绝望、惊吓、悲苦,这三个词放在一起,击穿了幸福指数的底线,坠入负数的深渊了。到了第二年年底,农场里的普通动物们,已经没有幸福可言了。

### 4. 谈艺录Ⅵ:叠影法

文学作品之间是有关联的,优秀的作家善于向前辈学习,点铁成金,陆游的名句"山重水复疑无路,柳暗花明又一村"里,我们隐隐约约可以看出柳宗元的"舟行若穷,忽又无际",卢纶的"暗入无路山,心知有花处",耿湋的"花落寻无径,鸡鸣觉近村"。王安石的"青山缭绕疑无路,忽见千帆隐映来",一系列叠影之下,更能见出陆游"山重水复疑无路,柳暗花明又一村"之好——写尽了道路的曲折与村子的幽僻，探访的心情明灭不定。

2019年的电影《比邻星》中，宇航员母亲和女儿隔着玻璃相望，小女孩的面庞映在玻璃上，与房间内母亲的脸庞叠影在一起。小女孩既与母亲对视着，又几乎与母亲融为一体，在一种温情的离愁别绪之中，母女脸部的轮廓与表情竟如此相似，这一幕很是动人。

奥威尔在这一章里，也用了叠影法，请看这一段："这真是一个缓慢而艰苦的过程。动物们经常精疲力竭地劳动一整天才把一块大石头拖到采石场坡顶……每逢石头向下滑，动物们也被拖着向后倒退，吓得惊慌失措地大声叫喊的时候，总是拳击手使尽力气绷紧绳子，重把滑落的石头拉住。他奋力挣扎着一寸一寸地向前移，蹄尖死死地抠着地，累得上气不接下气，庞大的身躯被汗水浸透。谁看到这一景象都不能不对他产生无限的敬意。"

这一幕竭尽全力地搬石上山，与神话里的西西弗何其相似，"我们只看到这样一幅图画：一个紧张的身体千百次地重复一个动作：搬动巨石，滚动它并把它推至山顶；我们看到的是一张痛苦扭曲的脸，看到的是紧贴在巨石上的面颊，落满泥土的肩膀，沾满泥土的双脚，完全绷直的胳膊，以及坚实的满是泥土的人的双手。经过不知多少的空间和时间，在这一长时间的努力的终点，目的达到了。然后，西西弗看到巨石在几秒钟内又向着下面的世界滚下，而他则必须把这巨石重新推向山顶。他于是又向山下走去。"①

拳击手和西西弗的影像——因为巨石，因为山，因为力大无穷，

---

① ［法］加缪：《西西弗神话》，杜小真译，上海译文出版社，2018年11月版，第120页。

更因为精疲力尽——就这样叠影在了一起，这匹马，也由此分享了一个古希腊神话中的英雄的一些悲剧色彩。

### 5. 机械与机心

为什么拳击手和动物们要这样拼死拼活地干？是因为所描绘的风车发电带来的美好生活图景："可以用来发电，供给整个农场电力。有了电力，牛棚、马厩不仅能有灯光，而且在冬天可以供暖。另外，他们还可以开动一台圆锯、一台铡草机、一台甜菜切片机和一台电动挤奶器。动物们从来没听说过这些东西（农场原本是极老式的，使用的都是些最原始的机械）。"

还记得是谁描述的？雪球。雪球的描述让动物们倾心不已，倘若投票的话，肯定是高票通过，也正是因为这种描述，才给他带来了灭顶之灾，被九条突如其来的大狗逐出了农场，从此不知下落。

因为要造风车需要一系列物资，所以需要对外贸易；因为需要对外贸易，所以不得不和敌人打交道；因为要和敌人打交道，所以就让温佩尔进到了农场，也引发了后来的种种情况。

读者不妨作一个假设，如果动物农场回到原始状态，不需要电力，更别提那些电动机械的东西，那会怎么样？也许有人会说，那怎么行？但你要知道，即便在二十一世纪的北美，也有人在过着淳朴的农场生活，阿米绪人（Amish）不用电，活得很好。如果动物农场回到原始状态，是不是可以避免灾难性的后果，过上安居乐业的桃花源式的生活？

最后请检索两个关键词，了解基本内容：一、Amish；二、机心。

## ·第六章（下）：入住

### 1.Amish 与机心

先说一说两个词。

阿米什，北美基督教的一支，生活在宾夕法尼亚州和俄亥俄州，属于再洗礼派，崇尚谦卑、简朴、和平主义，不用电话、汽车和其他现代发明，过着自给自足的农耕生活。

机心，来自《庄子》里的《天地》篇，原文为："为圃者忿然作色而笑曰:吾闻之吾师——有机械者，必有机事；有机事者，必有机心。机心存于胸中，则纯白不备；纯白不备，则神生不定；神生不定者，道之所不载（zài）也——吾非不知，羞而不为也。"说的是子贡在汉阴见一位老人家抱着水罐打井水浇菜，费力而慢，建议他用桔槔（jié gāo）取水灌溉，又快又省力。浇园子的老人家面有怒色但笑着说，机械会导致机事，机事会导致机心（巧诈诡变的心），有了机心就不能保全纯洁空明，那就心神不定了，就不能载道了。我不是不知道，只是不想去做。

有机械者，必有机事；有机事者，必有机心。读者应该都记得第一章里动物们的集会是被一声枪响给打断了的，琼斯的这支枪在牛棚战役时被动物们缴获了，他们把这支枪架在旗杆底下当作礼炮。枪是暴力的象征，也是机械的代表，倘若用庄子的眼睛来看《动物农场》，动物们的机心是从什么时候开始有的呢？这是一种意想不到的东方人的读法。

## 2. 把博物馆变成住所

第六章里大事频频，风车被刮倒属于天灾，温佩尔的进入是拿破仑的决定，猪们搬家也是他们主动的选择。小说里写道，大约就在温佩尔开始进出农场的时候，"所有的猪突然都搬进场主的住房，把那里作为自己的住所了"。在这之前，猪住在哪里？当然是猪圈啦，就是他们本来的住处。那么，在这之前，场主琼斯的住房是做什么用呢？

革命成功的第二天，动物们排成一行走进场主的住房，参观了一番之后，没有去动房子里的东西（除了拳击手踢破一个啤酒桶），"大家在现场一致通过一项决议，这所农场主的住房今后应保持原样，作为一个博物馆。动物们全都同意谁也不住进去。"这是第二章里的现场决议，到了第六章，猪就住进了博物馆里。

话说把住所变成博物馆，这样的例子有很多，绝大部分的名人故居都是如此。把博物馆变成住所的就不多了，但也不是没有——日后你有机会去土耳其，不妨留意一家在安塔克亚的博物馆酒店（The Museum Hotel Antakya）。这家酒店耗时十年方才完成，在2020年元旦开始营业，它建在两千三百多年前的古罗马遗址上，有世上最大的单层马赛克地板遗迹。酒店的楼房由几十根钢柱撑起，透过玻璃地面可以看到地下的遗址，两千年前的地面、古罗马浴场、广场的遗迹……走在酒店里，就是一趟考古的旅程。

当然，动物农场的猪们入住琼斯的住所，目的并不在保护与欣赏，而是直接地拿来就用了。换句话说，原来主人怎么住，现在他们就怎么住，他们要享受原来主人的种种福利。

### 3. "七戒"破四

听说入住之后,猪不仅在厨房里用餐,把客厅当作娱乐室,而且在床上睡觉,动物们感到震惊。这岂不是又违背了"七戒"?第四戒明明规定的:一切动物都不许睡床铺。

读到这里,我们就知道,七戒中有四条(一、二、四、七)已经被打破了。接下来,离奇的一幕发生了,小说里是这样写的:

> 拳击手像往常一样,嘟囔了一句"拿破仑永远正确"就让事情过去了。但是苜蓿却认为自己确实记得曾经有过不许在床上睡觉的禁令。她跑到谷仓一头的山墙前边,望着写在上面的七条戒律,像猜谜似的想弄懂那上面有没有这一条。她发现自己只会读一些字母,就把山羊穆瑞尔拉来。
> 
> "穆瑞尔,"她说,"你给我念念第四条戒律。说的是不是不许在床上睡觉?"
> 
> 穆瑞尔费了不少力气才拼读出来。
> 
> "那上面写的是:'任何动物不许在铺被单的床上睡觉'",穆瑞尔终于读出来。

从"一切动物都不许睡床铺"到"任何动物不许在铺被单的床上睡觉",中文译本读起来,两个句子的差别不小,回到英文原文,第四戒为 No animal shall sleep in a bed,穆瑞尔为苜蓿朗读的是 No animal shall sleep in a bed with sheets,这样就看清楚了,第四戒的原句保持不变,后面多了两个单词 with sheets。

前几讲说过，对"七戒"中第二戒、第七戒的事实上的违反是暗暗的，对第一戒的事实上的违反（温佩尔进入农场）是当众发生的，而第四戒的违反则更进了一步，不仅当众发生（进了房屋、睡了床铺），而且对第四戒的文字做了改动。请注意，对"七戒"的文字上的窜改，是从第四戒开始的。

猪们采取的步骤有二。第一，添加了词语，改变了原句的内容。第二，偷换概念，改变了床的定义。雪球巧舌如簧："床仅仅意味着一个睡觉的地方。从这一角度看，窝棚里的一堆稻草也是一张床。规定是禁止使用被单，因为被单是人的发明创造。我们已经从住房的床上把被单撤走，改用毛毯了。用毛毯其实也是蛮舒服的。但是我可以这么告诉你们，同志们，这种床的舒服程度对我们猪来说并不够，因为农场的所有脑力工作都要由我们做。"

"七戒"是农场的宪法，如果要修订宪法，该遵循怎样的流程？我们来看真实的范例。1787年《美利坚合众国宪法》总共七条，第五条规定："国会应在两院各2/3议员认为必要时提出本宪法的修正案，或根据全国2/3州议会的请求召开会议提出修正案。以上任何一种情况下提出的修正案，经全国的3/4的州议会或3/4州的制宪会议批准，即成为本宪法的一部分而发生实际效力。"[1]

后面通过的修正案，就增加在这七条宪法之后。1919年批准生效第十八条修正案，禁止在美国境内酿造、出售或运送致醉酒类，也禁止输入与输出，俗称禁酒法案，可惜这项法案只带来了巨大的

---

[1] ［美］加里·沃塞曼：《美国政治基础》，陆震纶等译，中国社会科学出版社，1994年5月版，第234页。

酒类黑市，禁而不止。到了 1933 年，两院通过了第二十一条修正案，废止了第十八条修正案。这些修正案都保留在美国宪法之中。

法律是智慧的结晶，立法、释法、守法，都是严肃的事。动物农场的猪，对待法律的态度就显得随随便便了。普通动物的智力有限，只能被智商高过一筹的猪们玩弄于股掌之间了。

#### 4. 外寇与内奸

风车倒塌了，地上到处都是石块，一片狼藉，动物们几个月艰苦奋斗的结果化为乌有。紧接着发生了一件难以理解的事——拿破仑突然宣布风车倒塌是因为雪球在夜里溜进来破坏，并当场宣布判处雪球死刑。这里有两个疑点。第一，这一段时间的天气恶劣，风车工程也是因此而停工的，大家也都知道前一天的夜里狂风大作，就连旗杆、榆树也都被大风刮倒，为什么不把风车的坍塌归罪大风，而是雪球？第二，人类是动物们的仇敌，农场原来的主人琼斯更是直接的敌人，牛棚战役失败之后也一直耿耿于怀，即便风车的倒塌是因为破坏，最有可能的罪魁为什么不是琼斯，而是雪球？

请注意，这并非动物们全体的共识，而是拿破仑的判断，反映的是拿破仑内心的隐忧。雪球被赶走之前，他就已经把雪球视作敌人了，在拿破仑的心目里一直存在着两种敌人（内部敌人、外部敌人），到了第七章的结尾处，我们可以看到这两个词语通过尖嗓之口说了出来。对于某个领导者乃至某个民族而言，外寇与内奸，哪个伤害性更大？显然是外寇入侵造成的伤害性更大，但是手足背叛而成了内奸，显得更加可恨。

以中国历史为例,很少有人能说出灭北宋的金太宗的名字(完颜晟),却没有人不记得害死岳飞的卖国贼秦桧,他的铁铸像至今仍跪在西湖边岳王庙里面。

古希腊历史中也有类似的内奸,公元前 480 年,波斯王薛西斯第二次进攻希腊,在温泉关遭遇斯巴达国王列奥尼达斯(Leonidas)所率的希腊联军的抵抗,寸步难行。正束手无策之时,"一位马里斯人,攸利德姆斯的儿子爱菲阿尔特(Ephialtes)跑来见他,向他献策,把穿山越岭通往德摩比利的那条间道告诉了他,目的是想从薛西斯那里领取重赏。这样,留在德摩比利抵御异族侵略者的那些希腊人就毁在了他的手里。"波斯军队走小路包抄,列奥尼达斯亲率三百斯巴达人战斗至最后一息,自此以后,在希腊语里 Ephialtes 一词就成了叛徒的同义词。

再来看动物农场里的外寇与内奸,在拿破仑的心目中,外部敌人琼斯与内部敌人雪球,也许前者更令他忌惮,而后者更令他憎恶。动物们随即就认同了拿破仑的判断,"听说雪球居然犯下了这样的罪行,都感到万分惊骇,齐声发出愤怒的呼喊。每个动物都开始思索,如果雪球再回来的话,该用什么方法把他捉住。"

### 5. 一个永久的谜

尽管拿破仑这么说,动物们也这么认定,但对于读者而言,究竟是不是雪球的破坏,在有确凿的证据之前是难以下定论的,然而

---

① [古希腊]希罗多德:《历史》,徐松岩译,上海三联书店,2008 年 2 月版,第 414 页。

一种证据马上就出现了——几乎与此同时，在离小山不远处的草地上已经有动物发现了一口猪的蹄印。这些蹄印只能跟踪出几码远，但看来是朝着树篱中的一个缺口走去的——小说里没有提出是谁在这么短的时间里就发现了如此契合有罪推定的证据，考虑到普通动物的智商，发现者是牛、羊、马、鸡等动物的可能性不大。那么最有可能的是哪一种动物呢，或者进一步缩小范围，最有可能的证据发现者是谁呢？如此机灵，总是懂得拿破仑的心意，识时务把握契机……莫非是尖嗓？恰好他是一头猪，而地上的证据也正是猪的蹄印，莫非是他……但我们不敢下定论，这是一个永久的谜团，宛如一个黑洞，把读者深深吸引，却无法看透。

不少作家会在作品里埋下类似的谜。

王尔德笔下的快乐王子，一次次地托燕子把剑柄上的红宝石、一对蓝宝石眼睛、身上的纯金叶子分赠给穷人，他的那颗铅心也裂成了两半。最后，市长和参议员们把快乐王子的像放到炉子熔化了，他们商量着另外铸一座像，铸谁的像呢？他们争吵着，争吵不休……读者至今也不知道，那座城市的高圆柱上，最后是谁的像取代了快乐王子，这是王尔德让读者猜的一个谜。

弗兰克·鲍姆写多萝西、稻草人、铁皮伐木工和狮子一行走在去见大魔法师奥兹的路上，他们在一棵大树下过夜，多萝西生了火，她和小狗托托吃光了最后一点面包，狮子想去为他们捕一头鹿，但铁皮伐木工不愿意伤害任何生命（踩死一只甲虫他都会哭），所以狮子默默地走进树林，给自己找了顿晚饭，回来后它也没有说，谁都不知道它到底吃了什么。这是《绿野仙踪》里的一个谜。

三岛由纪夫写一位 R 博士在十年前在罗马近郊发掘出了阿芙罗狄蒂的雕像，向学术界宣布说雕像高两米一七，而他亲手量得的数据是两米一四，他多报了三厘米，因为他想和这尊美神存有一个只有他知道的秘密。临终时 R 博士把这个秘密告诉助手，助手重新测量，不料测了好几遍，雕像的高度就是两米一七！为什么雕像会在十年间长高了三厘米，没有人知道，这是小说《美神》里的一个谜。

当然，在《动物农场》里，拿破仑不觉得那些猪蹄的泥印是一个谜，他仔细嗅了嗅这些蹄印，断定这是雪球留下来的，动物们也就信了。动物们的智力不高，读者可不能跟那些动物们一样。

最后请思考：既然动物们平时这么辛苦，当天心情的低落也可想而知，加上天气也如此恶劣，为什么拿破仑不让大家休息一两天，而是要求当天早上就重新建造风车？

## ·第七章（上）：饥荒

### 1. 行动和行动之间不留空隙

上一讲提到为什么拿破仑不让大家休息一两天，而是要求从当天早上起就重新建造风车，这里涉及统治者不足为外人道的秘密。尽管拿破仑显得不如雪球那么渊博，但他仿佛熟读了《君主论》，此书第二十一章的主题为"君主为了受人尊敬应当怎样为人"，论及一个新君主要稳固自己的地位，必须这样来做：

他经常地完成了一件大事又安排着另一件大事，通过这些

> 大事使他的臣民的心神始终忐忑不安同时惊叹不已,注意着这些事情的结果。而他的这些行动都是一个接一个地出现的,在这一行动和另一行动之间没有一点空隙,使人们不能够从容不迫地进行反对他的活动……当遇到任何人在社会生活中作出不寻常的事情——无论是好事或者坏事,他就抓紧机会在内政管理方面作出罕见的范例,选择人们必定大谈特谈的关于给予奖励或惩罚的方法。这对于君主是大有帮助的。[①]

驱逐雪球,取消投票权,崇拜骷髅,建造风车,确定中间人,展开贸易,重建风车……拿破仑深谙统治术,一个运动接着一个运动,让动物们不得喘息,只能一步步地被牵着鼻子走。

从第七章开始,小说进入到了第三个年头,第七章的关键词是饥荒与屠杀,时间是第三年的春季。

### 2. 建造风车的目的

动物们根据拿破仑的指示,开始重建风车,为了避免再次坍塌,这一次他们把墙体砌得厚了许多,三英尺厚,相当于九十一点四厘米。工作强度增加了,加上天气寒冷,难度很大,工作就变得更辛苦了。

大凡做一件事情,应该有一个目的。也许得问问动物们:你们为什么要辛辛苦苦地建造风车?这个问题的答案,一开始是很明确的,在第五章里说风车可以发电,就有了灯光,冬天可以供暖,还可以开动一系列机器(圆锯、铡草机、切片机、挤奶器……),能大大减轻

---

[①] [意]尼科洛·马基雅维里:《君主论》,潘汉典译,商务印书馆,2017年5月版,第107页。

工作量，每周工作三天就可以了，其余的时间，动物们可以休闲娱乐，可以阅读交流，提升自己的修养，过上更悠闲而充实的生活。

但是渐渐地，建造风车的目的好像改变了，如果现在再去问动物们：你们为什么要辛辛苦苦地建造风车？他们的答案是：之所以要尽全力地建造风车，是因为外界都在注视着他们，如果这个工程不能如期完成，幸灾乐祸的人们一定会欢欣鼓舞的，他们要为了整个农场的集体荣誉而建造风车。

两相比较，就能看出，起初他们是为了提升自己的生活品质而工作，后来就变成为了维护集体的形象而拼死拼活——他们的生活品质反而大大降低，不如从前了，用孟夫子的一句话来概括：此之谓失其本心。生活的道路很长，在前行之路上失其本心的例子，有不少文学作品都写过。

比如《桃花源记》里的武陵人——缘溪行，忘路之远近。忽逢桃花林，夹岸数百步，中无杂树，芳草鲜美，落英缤纷。渔人甚异之。复前行，欲穷其林——起初他无心于得失，一派天真，欣赏沿途风景，想要穷尽桃花林，纯粹的一颗审美心。从桃花源出来以后呢，里面的人嘱咐他，"不足为外人道也"，他充耳不闻——既出，得其船，便扶向路，处处志之。及郡下，诣太守，说如此。太守即遣人随其往，寻向所志，遂迷，不复得路——出来以后他一路做标记，回到县城第一时间向太守汇报，劲头十足地充当向导，最后当然是无功而返，他起初的审美心早就遗失了，只想着得到一些好处，变成了一颗功利心。从此再也看不到桃花源了。

莎士比亚笔下的奥赛罗也是如此。起初，奥赛罗是如此深情地爱着苔丝狄蒙娜，他们逾越了肤色、地域、门第等重重障碍，私下成婚。

不料阴险的伊阿古挑拨两人的感情,捏造假证据,奥赛罗凭空生妒,竟在失控的情绪中掐死了妻子。最初的爱心,全然被妒忌与愤怒充满,最后引向了死亡,可惜可叹,也因为失其本心。

跟农场的动物们一样,每个生命体也都有自己的任务与使命,白天埋头苦干,临睡前要记得扪心自问,自己这么做,意义在哪里——是为了发展自己建设自己,为了取悦其他人,还是为了某个想象中的集体——要牢记一点,一个人的当务之急是认识自己、锻造自己,把自己的天赋完全发挥出来就等于为社会做出了贡献。

### 3. 掩盖与摆拍

作为唯一可以自由进出动物农场的人,温佩尔肩负的不仅仅是中间商的使命,有些时候,他还兼任着访问记者的职责。拿破仑当然知道这一点,作为动物农场的领导人,拿破仑要利用温佩尔传递出精心编辑过的信息。既有亲耳听见的——温佩尔听见绵羊们在议论口粮已经增加的事;也有亲眼看见的——温佩尔看见储藏室里的食品箱都装得满满当当的。他并不知道,只有上面薄薄的一层是谷物,下面都是用沙子填充的。如果温佩尔随身带着照相机的话,说不定他会拍下这五谷丰登的场景,他不断向外界通报说农场的粮食并不短缺,是被假象蒙蔽了。这种专门摆出来的假象掩盖着农场里真实的饥饿。

奥威尔在评论狄更斯的文章里说,"如果狄更斯活到现在,他会到苏俄一游,回来写一本像纪德的《苏联归来》一样的书"[1],可见

---

[1] [英]乔治·奥威尔:《英国式谋杀的衰落》,董乐山译,上海译文出版社,2007年6月版,第50页。

奥威尔读过纪德的这本书，纪德是1947年诺贝尔文学奖得主，他的苏联之行是在1936年6月17日到8月22日，去的时候满怀期待，希望在这个新兴的国家看到一个理想的世界，然而现实令他大失所望，回来后就写了《从苏联归来》一书，如实地记载了他的见闻。《动物农场》当和《从苏联归来》放在一起看，文学和历史的相互印照，会心之处颇多。

纪德是这样写的："在苏联，预先规定，对于无论什么事情，都不许有一种以上的意见……每天早晨，《真理报》教他们以合宜知道，合宜思想，合宜相信的事情。超出这个以外，是不好的！……你替那些排队等待几个钟头的人诉苦么？但他们以为这样等待是十分自然的。面包、蔬菜、水果，你认为不好么？但除此以外没有别的。人家拿给你看的这些布料，这些物件，你认为丑陋么？但这里没有什么选择。除了去同那不大令人留恋的一个过去时代相比较以外，一切比较之点都被除去了，如此你只好满足人家拿给你的东西了。这里，紧要的乃在说服人，说：人们是再幸福没有了；说：其他地方都没有这里幸福。要做到这个地步，唯有细心隔绝同外界一切交通这个方法（我所指的外界，乃是国境以外）。感谢这个方法，所以在相等的甚至显然低下的生活条件之下，俄国工人也自以为比法国工人更加幸福，更加幸福得多。俄国工人的幸福是由希望，信任和无知构成的。"[1]

奥威尔也有类似的总结："极权主义废除了思想自由，其彻底程

---

[1] ［法］安德烈·纪德:《从苏联归来》，郑超鳞译，辽宁教育出版社，1999年1月版，第34—35页。

度是以前任何时代闻所未闻的……它规定你应该怎么思想，它为你创造一种意识形态，它除了为你规定行为准则以外，还想管制你的感情生活。它尽可能把你与外面世界隔绝起来，它把你关在一个人造的宇宙里，你没有比较的标准。反正，极权主义国家企图控制它的臣民的思想和感情，至少像它控制他们的行动一样完全彻底。"①

### 4. 谈艺录Ⅶ：让创作左右逢源的三条原理

每个人的创作都像一汪泉眼，无声惜细流，汩汩而出，请想一想，水是从哪里来的？倘若没有源头活水，泉眼很快就会枯竭，什么是创作的源头活水呢——日常生活的观察与记录。

契诃夫有好些笔记本，一则一则的生活观察与记录，写得工工整整的，凡是后来在作品中用过的部分他就涂去，这些笔记本在作家去世后出版了，名为《契诃夫手记》，随意来看几则：

> 卧室。月光从窗口射了进来，甚至可以看到睡衣上的小纽扣。
>
> 善良的人，甚至在狗的面前也会感到害羞。
>
> 某四等官眺望着美丽的景色说："这是何等绝妙的自然的排泄作用啊！"
>
> 摘录自老狗所写的手记："人都不吃女厨子弃掉的汤水和骨头。笨蛋啊！"

---

① [英]乔治·奥威尔：《文学和极权主义》，《我为什么要写作》，董乐山译，上海译文出版社，2007年6月版，第146—147页。

他的头脑里除了武备中学生活的那些回忆以外，什么也没有。①

……

奥威尔呢？奥威尔把一切都写在自己的日记里。奥威尔全集里有很厚的一册《奥威尔日记》，里面有《摘啤酒花日记》《通往威根码头之路日记》《家庭日记》多卷，《摩洛哥日记》《战时日记》《朱拉岛日记》等等，选读几则如下。

1938年10月28日

一只鸡蛋。路上有许多被压扁的黑甲虫。它们身体里面是鲜红色的。雨后农民正赶着一对对公牛犁地。犁很粗陋，没有轮子，只能动动土。

1938年11月7日

……我在房子附近的一个老石头水槽边发现一个腐烂的动物头颅，好像是狗，但我觉得更像豺。据说这个国度里有一定数量的豺。无论是什么，这个头颅还很完整，我把它插在一根木棒上，让昆虫来把骨头清理干净。

1938年11月8日

晴朗温暖。晚上下了点雨。几株香豌豆发芽了。

1只蛋。

---

① ［俄］安东·巴甫洛维奇·契诃夫：《契诃夫手记》，贾植芳译，百花文艺出版社，2005年5月版，第5页。

泥地里有乌龟的脚印，很容易同兔子的脚印搞混。

1938 年 11 月 17 日

1 只蛋。

1938 年 11 月 19 日

2 只蛋。

1938 年 11 月 21 日

2 只蛋。

1938 年 11 月 22 日

1 只蛋。

1938 年 12 月 31 日

3 只蛋。（从 1938 年 10 月 26 日至今共 102 只蛋，差不多每周 12 只。）①

    我们把目光再移回到《动物农场》第七章，"一个星期日早上，尖嗓宣布说，从现在起，刚刚又开始产卵的母鸡必须都把生的蛋交出来。通过温佩尔，拿破仑已经同意履行一项每周出售四百枚鸡蛋的协议，用这笔款项购买粮食、饲料。这样的话，农场就能维持到夏季。而一到夏季，日子就好过了。"接着是母鸡们的勇敢的抗议行动，被拿破仑停止发放口粮，最后不得不投降，这五天的鸡蛋革命，最终牺牲了九只母鸡，对外宣布是死于球虫病，鸡蛋还是按期交付，一辆车每周一次来拉走……

---

① ［英］乔治·奥威尔:《奥威尔日记》，宋金译，上海译文出版社，2014 年 6 月版，第 129—151 页。

对照以上这些例子，有几条重要的写作原理已经隐隐呈现出来了。

第一条写作原理：诚实地写。有人问：小说是虚构，虚构就等于说谎，岂不是和诚实矛盾了？问得很好。这里的诚实，并非否认虚构的重要性，而是指无论是写小说还是别的文体，都要写自己熟知的领域，用亲手采撷的素材。小说是虚构，但故事不会从天而降，它一定来自生活，来自作家本人和他所了解的人类的经验。你想写出一个好故事，就得在全神贯注中，诚实而有创造性地用好你所掌握的那些素材。有人再问：如果要写某个陌生的领域，那怎么办呢？诚实的态度是，先花许多时间和力气探索这个陌生的领域，多多积累素材，把这个领域变成自己熟知的，再动笔创作。

第二条写作原理：小的是美好的。这条原理包含两个方面。第一，自知自己无知，认识到自己的小（狭隘与局限）；第二，不管你打算写什么，要知道自己所创造的都是一个小小的、具体而微的世界，小到每个角色晚上几点睡觉都了如指掌。在这个小世界里，创造者知道的内容是百分之百，而写到小说里的则是百分之二十，还有百分之八十的内容是隐藏起来的，并不打算告诉读者。只有这样，一个故事才是生机勃勃的。

第三条写作原理：规则带来自由。当一个人握笔时，心里要雪亮，创作时最大的敌人就是天马行空，创作时最好的朋友是自己慢慢摸索探寻而得的规则，《诗篇》曰："我要自由而行，因我素来考究你的训词。"写作的自由从何而来？写作的自由从了解规则、遵守规则而来。我们常常惊叹奥运选手在运动场上挥洒自如的动作，出神入化的腾挪，恰恰是在场地与规则的重重限制中，他们展示出了惊人的技艺。

细读《动物农场》，能体会到奥威尔对以上三条写作原理的把握，他说："《动物农场》是我在充分意识到自己在做什么的情况下努力把政治目的和艺术目的融为一体的第一本书。"[1]这部小说宛如天成，极有吸引力，许多读者都是一口气读完的。

### 5. 谣言：世界上最古老的传媒

在第七章里，雪球渐渐成了一个渗透在空气里的恶魔，无影无踪，好像又无处不在，这样的舆论效果是怎么产生的呢？请看下面五句话：

①谣传说他正隐匿在邻近的两座农场之一，不是藏在狸林就是藏在狭地里。

②传言就说，雪球正藏匿在狸林农场。

③盛传雪球正躲在狭地农场。

④据说雪球每天晚上在夜色掩护下就溜进来干各种破坏捣乱的勾当。

⑤大家都说老鼠同雪球勾结起来，狼狈为奸。

谣传、传言、盛传、据说、大家都说……这就是谣言的效果。

---

[1] ［英］乔治·奥威尔：《我为什么要写作》，董乐山译，上海译文出版社，2007年6月版，第104页。

什么是谣言？谣言是一种扭曲的新闻。它是在传播过程中被传播者们合力扭曲的，不一定会显示真相，但一定显示了全社会所关注的焦点。有一个概括谣言的公式：

谣言 = 事件的重要性 × 事件的含糊不清

如果这个事件的重要性为零，或者含糊指数为零（即清晰度是百分之百），那么就不会有这个谣言的传播。从上面五句话里，可以看到每一句话里面都出现了同一个词：雪球。可见雪球是非常重要的角色。而雪球的所在与行为，又是不确定的，神出鬼没的，于是关于他的谣言就传开了。

明白了定义之后，要继续追问，为什么会产生谣言？谣言是信息的黑市。什么地方会出现黑市？在正常的商品流通被禁止的地方往往会出现黑市。既然谣言是信息的黑市，就反过来说明了这个地方缺乏透明而及时的官方信息流通。确实，动物农场里没有报纸、杂志等传统媒体，也没有互联网新媒体，更没有新闻记者等专业工作者。

特别有意思的是，关于雪球的前期谣言和后期谣言，有明显的区别，这恰恰体现了谣言传播的特性。

"拿破仑在这两个买主之间动摇不定，始终拿不定主意该卖给谁。大家注意到，每当他要同弗里德利克达成协议的时候，传言就说，雪球正藏匿在狸林农场。而在他倾向同皮尔京顿做这笔买卖的时候，又是在盛传雪球正躲在狭地农场。"从中可以看出，拿破仑是谣言的源头，他不选择明确的官方宣布而采用谣言流布的方式，也许是想让自己的贸易行为无论如何都不出错，因为敌人的敌人就是朋友，可以成为贸易伙伴。

然而谣言传播的特性是——在传播过程中有滚雪球效应（真巧！传播的是关于雪球的谣言）。谣言的每一位接收者，也都自告奋勇地成了谣言的传播者，为之煽风点火，添油加醋，细节越来越多，说服力也越来越强。请看，传着传着，就传成了这样：

"刚刚开春，突然发现一件令人震惊的事。原来雪球夜里总是偷偷地溜进农场来。这个消息叫动物们感到惊惧不安，吓得他们夜里都睡不好觉。据说雪球每天晚上在夜色掩护下就爬进来干各种破坏捣乱的勾当。他偷走粮食，弄翻奶桶，打碎鸡蛋，踩坏苗圃，咬烂果树的树皮。每逢农场里出了什么乱了，动物们都已习惯性地认为又是雪球干了一件坏事。如果一块窗玻璃打破了，或者一根下水管道堵塞了，一定会有动物站出来说，这是雪球夜里跑进来干的……"

这些加强版的谣言，如同龙卷风，绕了一大圈，甩回到了起初的发布者身上，反作用是巨大的——

"拿破仑发了号令，要对雪球的种种活动彻底调查一下。在几条狗的护卫下，他对农场的每个窝棚仔细作了一次检查……每走几步就站住脚在地上嗅一阵，寻找雪球的踪迹……把谷仓、牛棚、鸡窝、菜园全都嗅遍了。他发现几乎每一个地方都有雪球的气味。他把鼻子挨到地上，深深地吸几口气，便用可怕的声音喊：雪球！雪球到这儿来过！他的气味我一闻就闻出来了……动物们吓得心惊胆战。"

最后请思考，那天晚上，尖嗓宣布说发现了"一件极其可怕的事"，其实尖嗓说了两件极其可怕的事，分别是什么？

### ·第七章（下）：屠杀

#### 1."七戒"破五

尖嗓在集会宣布的第一件极其可怕的事——雪球从一开始就是琼斯的密探，又一次挑战了动物们的记忆，就连老好人拳击手也迷惑不解了。可怕的事不止一件，紧接着尖嗓宣布了第二件极其可怕的事——雪球的密探正潜伏在动物们中间！第一件事颠覆了历史，第二件事撼动着现在。于是农场里的动物个个自危了。

在第三年的春季，随着饥荒的到来，屠杀也开始了。除了鸡蛋革命中死去的九只母鸡，那天下午在院子里集合、认罪与审判，当场被处死的有四只小猪、三只母鸡、一只鹅、三只羊，也许还有更多，小说里写道："就这样，供认罪行和判处死刑一直继续下去，直到拿破仑脚下积起一堆尸体，空气里弥漫着一股血腥气味。"他们真的是罪大恶极的吗，所招供的藏起偷吃六穗谷粒等等，是否该判死罪呢？一切显得又可怕又荒诞，每一个普通动物在农场里，都无法自保，如同一片黄叶在风雨中飘摇。

根据第六章的统计，"七戒"中有四条（一、二、四、七）已被打破，到了第七章的屠杀，违反了"第六戒：一切动物都不许杀害其他动物"，至此，"七戒"中有五条（一、二、四、六、七）已被打破。

#### 2. 四只小猪：一个政治学案例

在第七章的后半部分，四只小猪给读者很深的印象，他们浑身发抖等待发落，坦白了许多可怕的罪行，坦白完毕就被杀掉了。这究竟是怎么回事？有必要梳理一番关于四只小猪的段落。

四只小猪的第一次亮相，是在第五章，那个星期日上午，雪球被九条恶狗驱逐，拿破仑随即宣布以后的会议、讨论和投票一概取消，星期日上午的集合照常，内容只是升旗、唱歌、分配任务。动物们惊魂未定，又听到这样的决议，"非常沮丧。有一些动物本想表示抗议，可惜他们找不出合适的言词来。就连拳击手也隐约觉得这个决议不太对头……在猪当中倒是有几个很有表达能力。坐在前排的四口小肥猪跳了起来，同时开始讲话。但是突然间坐在拿破仑身旁的狗发出吓人的猖猖（yín）吠声，吓得四口小猪立刻哑口无言，重又坐下。"

第二次出现是在第六章，同样是一个星期日上午，动物们集合接受新任务时，拿破仑宣布一种新政策，从现在起，动物农场要开始和邻近的农场做贸易，动物们又一次感到惶惶不定，"曾对拿破仑取消动物大会表示抗议的四口小猪这时又怯怯生生地想发表意见，但是几条狗一阵狂吠马上就把小猪震慑住，谁也不敢说话了。"

第三次出现就是第七章，在院子里很惨的一幕，"拿破仑先是站着，脸色阴沉地扫视了一遍等待他发言的群众，然后才提高嗓门呼啸了一声。几条狗应声蹿了出来，咬住四口小猪的耳朵把他们拖到拿破仑的脚下。小猪又痛又怕，直着嗓子号叫。他们的耳朵被咬得鲜血淋漓。"

从以上几段，可以看出一些情况。

首先，尽管同在猪的阶层，但四只小猪不是属于拿破仑阵营的，很有可能，他们的立场更亲近雪球，于是被列入了当权者的黑名单。

其次，农场里的言论自由的空间，越来越窄小了。四只小猪第一次还敢于跳起来，同时开始讲话，第二次就变成怯生生地想发表意见，到最后是浑身发抖束手就擒了。连持有不同意见的猪都是如此，遑论其余能力较低的动物们。

最后，可以清楚地看出，君主制或独裁统治，都不是孤家寡人独自统治，而是有一个被收买了的核心小集团（制胜联盟）配合着一起统治。拿破仑的周围有尖嗓，九条狗，其余的猪，共同构成了他的统治团队。

### 3. 路易十四：一段历史的印证

《动物农场》里拿破仑的手段，可以用一段欧洲的历史来印证。在欧洲历史上，路易十三（1601—1643）死后，年仅四岁的路易十四登基，起初有人辅佐，1661年起亲自执政，当时的法国已在破产的边缘，一旦掌权，他立即行动，消除老贵族的威胁（让老贵族待在凡尔赛宫，年金多少取决于他们对国王的忠诚度），他提供机会让新贵族加入核心团队，用最快的速度组建一支职业化的军队，新阶层对他感恩戴德。就这样，路易十四集中了自己的权威，号称大君主，在位七十二年之久（1643—1715）。如此之久的统治是空前的，法国的大贵族都被他收买和驯服了，赋税的重担则落到了默默忍受的普通老百姓的身上——所有这一切，和动物农场里所发生的如出一辙。

一位统治者，只要掌握了五个基本法则[①]，无论在什么体制，他

---

[①] ［美］梅斯奎塔、史密斯：《独裁者手册》，骆伟阳译，江苏文艺出版社，2014年5月版，第45—46页。

都可以轻易地保持自己的统治地位。

> 法则一：自己的核心统治团队，越小越好。
> 法则二：在名义上权力属于老百姓，让被统治者以为自己是当家做主的。
> 法则三：一手掌控收入的分配，维持人民的基本温饱，让核心团队大大发财。
> 法则四：支付给核心团队的钱，不多不少，正好确保他们不会叛变。
> 法则五：不要拿核心团队的钱去改善老百姓的生活。

在法国历史上，路易十四把以上法则用得炉火纯青；在动物农场里，拿破仑也在很短的时间里学会了这些统治手段。附带说一句，在《动物农场》的法文版里，那头猪的名字"拿破仑"被悄悄地改成了"凯撒"。①

### 4. 三条狗：一种行为分析

几条狗拖咬了四只小猪后，有三条狗竟然扑向了拳击手，被拳击手按住了一条，两条狗夹着尾巴逃了，拳击手后来也松了蹄子把那条狗放走了……

这三条狗的行为令大家都惊骇不已，要知道，说这几条狗是拿

---

① [美]杰弗里·迈耶斯：《奥威尔传》，孙仲旭译，东方出版社，2003年11月版，第348页。

破仑的贴身警卫也罢，特种部队也好，总之是对拿破仑绝对服从的。如果没有拿破仑的授意，他们断不敢对拳击手采取行动。下面这段话也证明了这一点："拳击手看着拿破仑，想知道是否该把蹄子下面的狗踩死，还是饶他一命。拿破仑看上去脸色都变了。他严厉地喝令拳击手把狗放掉。拳击手把蹄子一抬，那条狗嗷嗷叫着，带着满身伤痕溜走了。"

于是这里要问三个问题：

第一，拿破仑为什么会变了脸色？是因为三条狗没有按照他预想的那样制服拳击手。

第二，拿破仑为什么严厉地喝令把狗放掉？是因为狗是他的军队，他要靠着军队来维护自己的统治。

第三，拿破仑为什么要派狗袭击拳击手？

无论从哪个角度来看，拳击手都是农场里的良民呀。他是劳动模范，总是说"我要更努力干活儿"，他对拿破仑很忠诚，挂在口头的就是那句"拿破仑永远是正确的"。完整地来看第七章，可以看出，有可能是尖嗓的汇报让拿破仑做了这个决定。第七章第五节讲到，"在这一段日子里，拿破仑很少公开露面。他的时间都在农场的住宅里度过，而住房的每扇门都有几只狰狞的恶狗把守……拿破仑常常不参加星期日上午的聚会，他有什么命令要颁布都是通过其他一口猪，通常是通过尖嗓。"尖嗓宣布了雪球是琼斯的密探以后，拳击手公开地表示了质疑，多次说不相信雪球一开始就是内奸。最后尖嗓抬出了拿破仑才让拳击手不再质疑了，接着出现了这样一个细节，"他那对炯炯发亮的小眼睛恶毒地盯了拳击手一眼"，紧接着他就宣布："我提醒农场的每个动物，一定要把眼睛睁得大大的。因为我们有理由相信，就在眼前这一时刻，雪球的密探正潜伏到我们中间！"

由此可见，同样是因为说错了话（说了真话），站错了队（同情雪球），拳击手和四只小猪一样，被划到了被清洗的名单里。在动物农场里，没有反对派，《真理报》的主编布哈林有一句名言："我们也许有两党制，但两党中一个当权，另一个入狱。"[①]

再设想第四个问题，是一种假设，假设拳击手被那几条狗制服了呢，会是什么结果，会不会落得同那四只小猪一样的下场？我们不知道，因为这将由拿破仑来决定，而拿破仑是深不可测的。

### 5. 招供了就死，为什么还要招供？

这场由拿破仑亲任法官的审判中，有一个相当反常的现象，四头小猪坦白罪行后，立刻被狗撕断了喉咙，接着拿破仑厉声喝问，还有没有要坦白的？倘若你我在现场，感受到那种血腥恐怖的气息，不知道会被吓成什么样子了。只要存有一丝理智，就会知道，一旦招供，那就死路一条。既然如此，要不要招供？答案当然是否定的。然而，动物们接二连三地走上来招供……这多奇怪！

为什么会这样呢？请看苏联历史上的一个真实的案例，1936年10月22日，沙茨金在申诉书里这样写道："当我拒绝在这份认罪书

---

① ［波］伊萨克·多伊彻：《武装的先知 托洛茨基：1879—1921》，王国龙译，中央编译出版社，1999年1月版，第566页。

上签字时，他们就威胁我：不经审判就枪决……组织犯人将我毒打一顿；用刑；把我母亲和妹妹流放到科雷马边疆区……有两次，夜间不准我睡觉：'直到你签字为止。'而且，有一次夜间连续审问十二个小时，审问时侦查人员发号施令：'站起来！摘掉眼镜！'还在我眼前挥舞双拳：'站起来！拿钢笔！签字！'如此等等。我举出这些事实，绝不是出于空泛的人道主义向他们表示抗议，而只是想说，采取这样的手段进行几十次审问（审问的大部分时间用于辱骂）之后，会把人搞得不知所措，这时会出现虚假供词……"[1]

读过这样的历史案例之后，一个合理的推测是，那些上来主动认罪的动物们，有可能在审判之前，就已经用种种方式约谈了，也许被迫签了某些协议，也许家人遭到了威胁，也许得到许诺说审判只是一场表演过后就没事了。而等到他们公开主动认罪时，才发现自己上当了，等着他们的是死亡，但那时悔之已晚。

请回到小说，留意这两个段落之间的连结——

> （尖嗓）转身要走开，但又停下来用严峻的语气说："我提醒农场的每个动物，一定要把眼睛睁得大大的。因为我们有理由相信，就在眼前这一时刻，雪球的密探正潜伏到我们中间！"
>
> 四天以后，已经到了下午的后半晌，拿破仑命令全体动物到院子里集合。动物们集合完毕后，拿破仑佩戴着他的两

---

[1] 沈志华、徐天新主编：《苏联历史档案选编》第12卷，社会科学文献出版社，2002年8月版，第742页。

枚勋章（不久前他已经颁给自己"一级动物英雄"和"二级动物英雄"两个称号）从农场的住宅里走出来。他的九条大狗在身边蹿来蹿去，喉咙里发出的咆哮声叫所有动物的脊背一阵阵发冷……

在第一讲里，我们提及小说里的时间，有时代、时长、时刻三个要点。

开春的某一天，拿破仑亲自彻底调查了雪球的行踪，把整个农场都嗅了一遍；当天晚上，尖嗓宣布雪球是琼斯的密探；四天以后的下午，全体动物集合，审判与屠杀就开始了。这四天里，有可能会发生什么事情，值得我们细细推究一番。

在这本书里，农场里的动物共有过两次登高远眺，请对照第二章，细读第七章里的远眺，第二次远眺的所见与所感，是否可以用一首杜甫的诗来形容呢，这首诗的题目，也就藏在这一段里。

## · 第八章（上）：造神

### 1. 两次远眺与一首杜诗

两次远眺须放在一起来读，就能理解奥威尔的良苦用心。第二章的远眺，新农场百废待兴而动物们踌躇满志，他们从此站起来了，翻身农奴把歌唱；第七章的远眺，在饥荒之中，在屠杀之后，在一片春景里，显出胸中的许多哀情。

"别的动物仍然挤在苜蓿身边，谁也不说话。从他们卧在上面的小山上可以望到远处广阔的田野，绝大部分动物农场也都在他们的视野内——一直通到大路的狭长的牧场，种植饲草的土地，小树林，饮水池，耕种过的地上长着茂密的青色麦苗，还有农场的一些建筑物的红瓦屋顶，烟囱里冒着袅袅炊烟。这是一个明媚的春天傍晚。草地和葱茏的树篱在斜阳照射下有如镀上一层金子。动物们好像有些吃惊地突然记起来，农场原来是他们自己的，农场上的每一寸土地都已经是他们的产业了。他们从来没有觉得这块地方叫他们这样心醉神驰。苜蓿眺望着山坡下面，眼睛不由得噙满泪水……"

"这是一个明媚的春天傍晚"，"从他们卧在上面的小山上可以望到远处广阔的田野"，杜甫那首诗的题目就藏在这两句里——春望——春天本是一年里最好的季节，奈何遇见伤心之事，春景也只会带来更多的伤心了。理想国已经败亡，山河如故而无余物，草木丛生而无脚踪，花鸟平时可娱耳目，如今见之而泣，闻之而悲。这是起初没有想到的时局。杜甫写安史之乱后的衰败景象，颓唐心态，和动物们经历了饥荒和屠杀，劫后余生的感觉，何其相似乃尔。

国破山河在，城春草木深。
感时花溅泪，恨别鸟惊心。
烽火连三月，家书抵万金。
白头搔更短，浑欲不胜簪。

### 2. 就地神化的五种方法

第八章的主要内容，可以用几个短语来概括，依次是：写诗歌，卖木柴，得赝币，炸风车，饮烈酒。

第八章第一节，延续了第七章里的屠杀，动物们想起了"七戒"中有"一切动物都不许杀害其他动物"的规定，苜蓿请本杰明为她读第六条戒律，可是本杰明拒绝了，苜蓿再去求穆瑞尔，穆瑞尔读了，上面写的是："一切动物都不许无缘无故杀害其他动物。"不知怎么回事，动物们竟然把"无缘无故"这几个字忘记了。不管怎么说，他们现在知道了，那次执行死刑并未违反戒律，因为这些同雪球串通作恶的叛徒有充分理由应被处死，这本是很清楚的事。

读者知道，第六条戒律遭到窜改，和第四条的窜改一样，用的也是添加法。原文是 No animal shall kill any other animal，如今变成了 No animal shall kill any other animal without cause。第七章和第八章的时间都是在第三年，第八章记载的是从仲夏到秋天，在第三年里，一场造神运动全面地展开了。

造神是有方法的。

第一种方法：领袖可以颁布命令，但平时不出现，只是偶尔现身，保持相当高的神秘度。拿破仑正是这么做的——这时候农场里的所有命令都是通过尖嗓，或者另外一口猪向下传达的。拿破仑两个星期才露一次面，平时谁也看不到他。

第二种方法：与群众保持距离，出场时增加重重仪式感。拿破仑用得很熟练——当他出现在公共场合时，不只有一队狗组成的扈从，而且还有一只像是喇叭手似的小黑公鸡走在前面开路。每逢拿破仑开口讲话，公鸡总要喔喔地先啼叫几声。

第三种方法：与核心团队的成员也保持距离，由专门的护卫队保障日常衣食住行的安全。中国先秦的君王自称孤家寡人，本义是自谦为寡德之人，事实上就是与大家分开的人，拿破仑是猪，也做起了孤家寡人——在农场的住宅里，拿破仑住的也是单间套房，同别的猪分开。他独自用餐，有两条狗伺候着。他用的餐具是以前在客厅玻璃柜摆着的一套德比生产的王冠牌瓷器。

第四种方法：追加诞生时的神迹故事，把领袖的生日作为全国的节日。这在中国历史上很常见，渲染开国之君不寻常的诞生经历，《史记·高祖本纪》："其先刘媪尝息大泽之陂，梦与神遇。是时雷电晦冥，太公往视，则见蛟龙於其上。已而有身，遂产高祖。高祖为人，隆准而龙颜，美须髯，左股有七十二黑子……"《宋史·宋太祖本纪》："太祖……生于洛阳夹马营，赤光绕室，异香经宿不散。体有金色，三日不变。"《明史·本纪第一》："母陈氏，方娠，梦神授药一丸，置掌中有光，吞之，寤，口余香气。及产，红光满室。自是夜数有光起，邻里望见，惊以为火，辄奔救，至则无有。"

统治者的诞辰或被定为节日，唐朝有一个千秋节，就是唐玄宗诞辰（八月初五），举国欢庆宴乐。英国女王伊丽莎白二世有两个生日，官方生日（Queen's official birthday）定在六月的某天（英联邦国家日期不同），因为六月天气好，便于举行仪式，也是全国放假。

在《动物农场》里，拿破仑也这么做了，"每年拿破仑诞辰，正像其他两个周年纪念日一样，都要鸣枪庆祝。这个决定已经正式向动物们宣布了"，这是从第三年开始的。一旦当权者被神圣化以后，原本不可理解的就可以理解了，原本不可接受的就可以接受了，底层角色被压榨得连命也朝不保夕,还要鼓励自己说"我要更努力干活儿"。

第五种方法:不再直呼其名,代之以尊称,或在职位前加上固定的形容词。纪德《从苏联归来》记载了1936年苏联的情景:"斯大林的肖像到处皆是,他的名字说在各人嘴里,无论什么演说都必带有称颂他的话语……我经过戈里,诞生斯大林的小城。我想,在这里打封电报给他,以答谢苏联的接待……大意这样说:'在我的美好旅行途中经过戈里的时候,我感到恳挚的需要,向你致敬……'但这里,翻译的人停住了:我不能这样说话……人们向我提议添加:'你,劳动者领袖'或'人民导师',或我记不起来的别的什么。"①《动物农场》里拿破仑的头衔好像更多,正式的称呼是"我们的领袖拿破仑同志",另外还有"动物们的慈父""人类的克星""羊圈的守护神""小鸭之友"等等。

通过以上五种方法,一个统治者划出一道不可逾越的界线,自我神化,供人民远远地瞻仰。

### 3. 谈艺录Ⅷ:日之喻

动物诗人小不点所写的《拿破仑同志》一诗分为三节,第一节把拿破仑比作太阳,哺育万物。"你,幸福欢乐的源泉!您,万物的哺育者",就像汉乐府里的《长歌行》所写的:青青园中葵,朝露待日晞。阳春布德泽,万物生光辉。第二节将哺育深化也具体化,日常的食宿与安全,都有赖于拿破仑。第三节讲教育,培养忠诚的下

---

① [法]安德烈·纪德:《从苏联归来》,郑超鳞译,辽宁教育出版社,1999年1月版,第46—47页。

一代。赞颂领袖的诗歌里,往往会把领袖比作太阳。

一首达斡尔族民歌是这样写的:

> 猎人爬上高山了望,
> 山外有山蜿蜒绵长。
> 猎人与毛主席住的地方隔得多么远,
> 最快的马儿要跑上十夜十天;
> 毛主席的像挂在猎民家的墙上,
> 在山区放射着万丈光芒,
> 象山上升起的金色朝阳,
> 照耀得猎民心里暖又亮。①

1955年7月,诗人冯至写过一首《伟大的事业》,最后两节是这样写的:

> "我们正在做
> 我们的前人
> 从来没有做过的
> 极其光荣伟大的事业。"
> 这句话的
> 宏亮的声音

---

① 《红太阳颂》,延安大学中文系编,人民文学出版社,1977年8月版,第378页。

使每一个中国人民

都有了光彩，

象是面对着东方升起的太阳。①

1958年1月，郭沫若有一首诗是这样写的：

在一万公尺的高空，

在图104的飞机之上，

难怪阳光是加倍地明亮，

机内和机外有着两个太阳。

不倦的精神呵，崇高的思想，

凝成了交响曲的乐章；

象静穆的崇山峻岭，

象浩渺无际的重洋。②

### 4. 匹夫之怒、群体之恨

什么是怒？怒就是愤怒，因对某人某事不满而生气，有外在显现的情绪激动。愤怒是一种暂时的情绪状态，有智者指导说："不可含怒到日落。"愤怒也是可以自控的，箴言曰："不轻易发怒的，胜

---

① 《红太阳颂》，延安大学中文系编，人民文学出版社，1977年8月版，第300—301页。

② 同上，第374页。

过勇士；治服己心的，强如取城。"因为愤怒过后往往就会后悔，不如一开始就控制情绪。仇恨则不同。仇恨是长久的不治之症，仇恨者常把自己归入某个阵营，仇恨的对象可以是更广泛的群体或国家，仇恨者的目标是消灭被仇恨者，且无悔意。

"动物们听到自己的同志受到的这些凌辱和酷刑，义愤填膺，连血液都沸腾起来。有好几次他们叫嚷着请求让他们全体出击，攻打狭地农场，把人们赶走，解救那里的兄弟姊妹。但是尖嗓劝说他们不要鲁莽行事，要相信拿破仑的斗争策略。尽管如此，动物们反对弗里德利克的情绪还是不断高涨……"显然，农场里的动物们，一开始是发烧式的愤怒，渐渐地，就转化为长期的仇恨了。

这个片段，可以和奥威尔《一九八四》的两分钟仇恨对照着看，大屏幕上突然出现了那张全民公敌的脸，群众的仇恨就开始了，"仇恨到了第二分钟达到了狂热的程度。大家都跳了起来，大声高喊，要想压倒电幕上传出来的令人难以忍受的羊叫一般的声音……两分钟仇恨所以可怕，不是你必须参加表演，而是要避不参加是不可能的。不出三十秒钟，一切矜持都没有必要了。一种夹杂着恐惧和报复情绪的快意，一种要杀人、虐待、用大铁锤痛打别人脸孔的欲望，似乎像一股电流一般穿过了这一群人，甚至使你违反本意地变成一个恶声叫喊的疯子。"①

一个人的愤怒有可能是自发的，而一群人的仇恨却往往是被煽动的，《动物农场》第八章里动物们的仇恨也是如此，文中有一句话

---

① [英]乔治·奥威尔：《一九八四》，董乐山译，上海译文出版社，2003年4月版，第16—17页。

值得特别留意，就在仇恨这一段的起头，"动物们被告知"——动物们在农场里，与外界是隔绝的，外界的全部的信息，他们是如何得知的呢？第八章第三节里写得很清楚："这时候农场里的所有命令都是通过尖嗓，或者另外哪口猪向下传达的。"由此就可以得知，农场里的动物们的仇恨如火焰，越煽越高，他们以为自己高涨的情绪是自发的，事实上，这情绪是被煽动起来的。

三只鸡谋害拿破仑的阴谋被挫败后，拿破仑的安防措施升了级，由小猪粉红眼预先尝食物，以防有谁下毒，夜里睡觉有四条狗守护卧榻——请翻一翻《三国演义》，为了让自己睡觉时不被刺杀，曹操是怎么做的？

## ·第八章（下）：风车战役

《三国演义》第七十二回：操恐人暗中谋害己身，常戒左右："吾梦中好杀人，凡吾睡着，汝等切勿近前。"一日昼寝帐中，落被于地，一近侍慌取覆盖。操跃起，拔剑斩之，复上床睡；半晌而起，佯惊问："何人杀吾近侍？"众以实对。操痛哭，命厚葬之。人皆以为操果梦中杀人。

以上内容不见于史料，只是小说家言，以这样的方式写出了一世奸雄的自我防护，《动物农场》里拿破仑大权在握之后，也是如此，白天怕被下毒，晚上担心有刺客，夜里睡觉有四条狗守护卧榻，越有权力，对自己的安危就越上心。

第八章的后半部分情节跌宕起伏，大致可以概括为：命名风车，更换盟友，销售木料，发现假钞，宣布死刑，农场遇袭，风车被炸，领袖病危,尖嗓摔晕。

### 1. 宣传法:口号与重复

一个明星歌手的演唱会令粉丝迷狂,一个领袖的出场也会让百姓进入一种集体催眠状态,他们的注意力都集中在领袖身上,领袖的举手投足、目光扫视,都深深地吸引着群体里的每一个。无论他说些什么,他们都会听从;无论他指示什么,他们都会相信。然而领袖心里明白,要让他的百姓彻底跟随他,要让自己的宣传有效,他得采用一些方法。

如何把某种观念植入群众的头脑?一个简单明了的口号。"不自由,毋宁死!""法兰西万岁!"诸如此类,口号的威力无穷,不需要解释,不理睬证据,不依赖逻辑,也不允许反驳,越简单就越有威力。领袖就像成功的商人,最懂得广告的重要性。Just do it,Impossible is nothing……都是如此。

口号只是第一步,第二步是让这句口号无处不在,不断地重复直至它在群众头脑里生根,他们就把它当作真理接受下来了。一旦植入成功,那就长期有效。请看——

两天以后,动物又被召集到谷仓开一次特别会议。拿破仑在会上宣布,他已经把一堆木料出售给弗里德利克,而且弗里德利克的马车从第二天起就要来运木料了。动物们听了这个消息,简直吃惊得目瞪口呆。在整个这段时间内,拿破仑似乎一直同皮尔京顿维持着友好的关系,实际上他却同弗里德利克达成秘密协议了……他们的"消灭弗里德利克"口号也要改成"消灭皮尔京顿"。

无论口号是什么，它总是简单易记的，同样的包装里可以是不同的甚至相反的内容，没有关系，在领袖的暗示下，群众都会欣然接受，相互感染，他们"所感到的那种狂热情绪是一种抽象的、无目的的感情，好像喷灯的火焰一般，可以从一个对象转到另一个对象。"①

### 2. 两场战役的比较

《动物农场》写过两场战役，第一场是牛棚战役（第四章），第二场是风车战役（第八章）。

牛棚战役与动物起义发生在同一年，起义在六月，牛棚战役在十月；风车战役发生于第三年的秋天。两场战役相隔了整整两年。

从战役双方来看，牛棚战役的进攻者是琼斯和他手下的四个工人，加上狸林、狭地农场的六个工人，总共十一人，武器是一杆枪和人手一根棍子；动物们的总指挥是雪球。风车战役的进攻者是弗里德利克和一批人，总共十五人，带着六支枪，动物们的总指挥是拿破仑。

从战役的目的来看，当年琼斯带着人来进攻，是为了收复失地，因为农场本来是属于他的产业。而如今弗里德利克带着人来进攻，是为了什么呢？上一段写到拿破仑宣布了弗里德利克的死刑，拿破仑说，如果把弗里德利克捉住的话，要把他活活煮死。既然如此，可能弗里德利克打算先发制人，以主动进攻来保障自己的人身安全。

---

① ［英］乔治·奥威尔：《一九八四》，董乐山译，上海译文出版社，2003年4月版，第17页。

那么他们为什么要炸风车呢？那伙人停在风车四周，拿出钢钎和大锤在墙上打孔，填入炸药，一声巨响后，动物们第二次辛辛苦苦建造起来的风车就荡然无存了！为什么要炸风车？有以下几点可能。第一，风车是一座高大的建筑物，容易成为攻击的目标。2001年9月11日，恐怖分子劫机撞向纽约世贸双塔，就是因为它们是很高的标志性建筑。第二，风车一旦投入使用，能提供电能，让动物农场变得强大，战争中的一个首要目标，就是摧毁对方的能源基地。第三，战争要获胜，要瓦解军心，在心理上彻底震慑敌方。风车是动物们的寄托，把它作为轰炸目标，夷为平地，可以产生巨大的心理影响。

从战役的结果来看，牛棚战役中雪球指挥有方，动物农场这一方大获全胜（除了牺牲一只绵羊）。风车战役，在拿破仑的指挥下，所有的动物都负了伤，牺牲了一头牛、三只羊和两只鹅，整个牧场和风车都落入了敌人手中，动物们只能退守在房子窝棚里，尽管最后击退了敌军，也自封为胜利，客观地来看，是打了败仗，损失惨重。

### 3. 一个词的修改

让我们回顾炸风车的那一刻，小说里是这样写的："动物吓得魂飞魄散，但是束手无策，只能眼睁睁地看着。现在已经不能冒险从房子里隐藏的地方冲出去了。几分钟后，他们看到外面的人四下散开，接着是一声震耳欲聋的巨响。鸽子高飞到空中去，除了拿破仑外，所有的动物都趴倒在地上，藏起脸来。等他们重新站起来的时候，他们看见原来风车矗立的地方正笼罩着一大团黑色烟云。微风逐渐把烟云吹散。风车已经荡然无存了!"

关于这一段,奥威尔在书信里专门提到过,1945年3月17日,他从巴黎写信给编辑罗杰·赛恩赫斯,信里这样说——

> 我不知道《动物农庄》是不是一定出版了。如果它还没有真正付印,我还想进一步修改一下其中的一个词。在第八章(我想应该是第八章)里,当风车被炸掉以后,我是这样写的:"所有的动物,包括拿破仑,全都大惊失色"。我想把这个句子改成:"所有动物,除拿破仑以外,全都大惊失色"。如果书已付印,就不值得再麻烦了,但我想这样改可能对J.S更公正,因为在德国进攻苏联期间,他确实留在了莫斯科。"[1]

达·芬奇在《画家守则》里提过一种有意思的锻炼法:"当你画同一物件已经如此多次,觉得已把它记住,试不用模特儿画一次。然后用一片光滑的薄玻璃把你的模特儿摹下来,叠在不用模特儿画出的像上,仔细比较,注意摹像和画像在什么地方不合,当你若发现自己错误之处,就下决心不再犯。"[2]

不妨把《斯大林传》视作一幅摹像,《动物农场》则为一幅画像,二者叠影在一起,估计略有一些偏差,并不是丝丝入扣式的完全吻合。然而在这个细节上,奥威尔愿意根据历史来微调他的文学作品,显

---

[1] 此处的J.S指约瑟夫·斯大林。[英]乔治·奥威尔:《致罗杰·赛恩赫斯》,《战时日记》,孙宜学译,广西师范大学出版社,2003年3月版,第276页。

[2] [意]达·芬奇:《芬奇论绘画》,戴勉编译,人民美术出版社,1986年8月版,第43页。

示了一种并不独断的创作心态,而经过这样一处小小的改动(拿破仑临危不倒),他作为一世枭雄的形象,确实令读者印象深刻。

### 4. "七戒"破七

《动物农场》共十章,"七戒"是在第二章颁布的,在第七章里已经破五,到了第八章就全都打破了,我们来看最后两戒是怎么打破的。

> 庆祝会过后几天,农场里的猪在住宅的地窖里偶然发现一木箱威士忌酒。在他们刚刚占据这所住房时,这箱酒没有被注意到。这天晚上从住房里传出阵阵聒噪的歌声。令动物们吃惊的是,他们竟也听见了《英格兰牲畜之歌》的曲调。大约九点半钟的时候,大家清清楚楚地看到拿破仑戴着琼斯先生当年戴过的圆顶旧礼帽从住房后门钻出来,在院子里飞快地跑了一圈,又消失在住宅里。第二天早上,住宅静悄悄的毫无声息。没有一口猪从里面露头……

从中可以看出,"第三戒:一切动物都不许穿衣服"和"第五戒:一切动物都不许喝酒",是在同一天晚上被打破的。拿破仑戴着圆顶旧礼帽在院子里跑了一圈,有可能是喝多了的胡作非为,不过正如俗语所说的酒后吐真言,酒后的行为也是平时想做而未敢做的,借着酒劲就去做了。衣服这个概念,包含的内容很多,帽子属于其中的一类。说到帽子,你是否忆起了之前的情节?想一想,在第二章革命成功后,动物们烧掉了缰绳、笼头、眼罩、草料袋、皮鞭、装饰带等等，雪球说动物的身上不应该挂一根布丝，"拳击手听到这番议论后，立刻把一顶小草帽拿来，这顶小草帽本是他夏天为了防苍蝇钻进耳朵里戴的。他把帽子扔到火堆里同别的东西一起烧掉。"

这两顶帽子，一顶在拳击手头上，一顶在拿破仑头上，遥遥呼应。有意思的是，关于酒，同样有这二位的映衬，拿破仑在第八章里开始喝酒（还带着猪们一起喝），而拳击手在第二章里看到洗碗间里摆着的一桶啤酒，抬起蹄子踢了个大洞。

这样的场景对比着来看，令人感慨万千。在这一节里，不只以上两处对比，还有第三处对比，那就是《英格兰牲畜之歌》，在上一章的结尾明明白白地宣布这首歌已经被禁止了，因为这首歌里所追求的社会已经建立起来了，这首歌已经失去意义了，没有必要再传唱了。然而这一天晚上猪们喝了酒之后唱歌，唱的就是这首被禁止的歌！所谓"礼不下庶人，刑不上大夫"，说的也许就是这种情况吧。

"七戒"就这样被彻底地打破了，为什么要这样出尔反尔呢？奥威尔有过总结："极权主义国家的特点是，它虽然控制思想，它并不固定思想。它确立不容置疑的教条，但是又逐日修改。它需要教条，因为它需要它的臣民的绝对服从，但它不能避免变化，因为这是权力政治的需要。"

### 5. 谈艺录Ⅸ：悲剧中的笑声

平日生活里，偶然见某人大哭或大笑，强烈的情绪令五官都错

---

[英]乔治·奥威尔：《文学和极权主义》，《我为什么要写作》，董乐山译，上海译文出版社，2007年6月版，第147—148页。

了位，不知内情的人根据表情，一时甚至难以分辨此人是在哭还是在笑。确实，悲与喜的情绪，如果强烈到了头，面部表情是一样的，甚至内在情感的去处也是相仿的。从中可以收获的经验是，倘若你要写一出喜剧，不妨穿插个别悲伤的情节；反过来也是如此，若要写一个悲剧，不妨让里面也偶尔有笑声。在这一章里，至少有三处，会让读者忍不住想笑，奥威尔的笔法很高明，这三个引人发笑之处，他用了几种不同的方法。

第一处为反向夸张法。

夸张是对现实的一种变形，变形的方向有二，可以夸大，也可以缩小。请看这一段："动物们又变得勇敢起来……尽管子弹像冰雹一样在头上呼啸，他们也毫不畏缩。这是一场野蛮、残酷的战斗。人们不停地向动物开火，当动物逼近的时候他们就用棍棒抽打，用厚重的靴子踢。一头牛、三只羊和两只鹅当场就死于非命；几乎没有一个动物没有负伤的。甚至在队伍后边指挥战斗的拿破仑尾巴尖也被一粒子弹削掉了皮。"

大家都还记得牛棚战役时，雪球身先士卒，领头向琼斯扑去，背上被铅弹划出了几道血印。拿破仑恰恰相反，他是在队伍后边指挥战斗的，为什么要在最后面？也许是那里比较安全。人类的火力很猛，好些动物牺牲了，几乎没有一个动物没有负伤的，既然如此，拿破仑也一定负了伤，读者边读边想，不知拿破仑有没有身负重伤呢，读下去就看到了，果然，他也英勇负伤了，他的尾巴尖也被一粒子弹削掉了皮——读到这里，觉得又好气又好笑，气的是拿破仑自己躲在后面却让动物们冲锋陷阵出生入死；笑的是他所负的伤和这场凶险的战斗显得不成比例，他的伤口小到几乎可以忽略不计。

第二处为期待落空法。

九点左右，尖嗓走出来的时候，步履蹒跚，目光呆滞，他召集动物们，告诉大家一则沉痛的消息：拿破仑病危了！请看动物们的反应："动物们发出一阵悲痛的号叫声。农场住宅的几扇门外铺上了稻草，动物们走路时蹑着脚，生怕弄出声响。个个眼睛满含泪水，互相探问：万一领袖离开了他们，该如何是好啊？"

十一点钟，尖嗓又走出来发布第二个公告。拿破仑同志临终的遗嘱是一道庄严的法令：饮酒者必处极刑。到了傍晚，尖嗓通报大家，拿破仑的病情似乎有些好转。

次日清晨，尖嗓告诉大家，领袖正在很快地康复……

尖嗓的四个通报是一次又一次的重复（机械的安排），重复会带来幽默感，在电影《摩登时代》里，卓别林扮演的工人，一手一个套筒扳手，在流水线上不断地拧螺丝，把自己弄得像个机器人，离开流水线，见别人身上像螺丝一样的两颗纽扣，也忍不住上去用套筒扳手拧一下，再拧一下——每次播放到这里，观众总是哈哈大笑。

幽默感就是从多次的重复中产生的。你看尖嗓一次又一次地出现，一次又一次地召集大家，一次又一次地宣布重要的消息……尽管他宣布的是悲痛的消息，但在一次次的重复中，却渐渐产生了喜剧效果。

为什么会有这样的效果？因为生活生活，是生动活泼的，时时刻刻都在发生变化，哪里出现了重复（完全的相似），就让人感觉到背后机械的、呆板的某些方面，像木偶一样缺乏生命，这时候我们会发笑，笑声是对这种生活中的非正常的状态的发现、指出和纠正。

此外，从心理上而言，人们为什么会笑？是因为起先悬着一颗心，但这种紧张的期待突然转变成虚无，于是就笑了。拿破仑病危了！拿破仑宣布遗嘱了……原来拿破仑是喝多了！读到这里就有了笑声。奥威尔懂得幽默发生的原理，用得恰到好处。

第三处为跌跤法。

以中国古典文学为例，刘姥姥进大观园是《红楼梦》里的欢乐时刻，她的言语神情都很好笑，让大家笑得前仰后合——

> 贾母少歇一回，自然领着刘姥姥都见识见识。先到了潇湘馆。一进门，只见两边竹夹路，土地下苍苔布满，中间羊肠一条石子漫的路。刘姥姥让出路来贾母众人走，自己却趔（qīn，小心地走）土地。琥珀拉着她说道："姥姥，你上来走，仔细苍苔滑了。"刘姥姥道："不相干的，我们走熟了的，姑娘们只管走罢。可惜你们的那绣鞋，别沾脏了。"她只顾上头和人说话，不防底下果踩滑了，咕咚一跤跌倒。众人拍手都哈哈的笑起来。贾母笑骂道："小蹄子们，还不搀起来，只站着笑。"说话时，刘姥姥已爬了起来，自己也笑了，说道："才说嘴就打了嘴。"贾母问他："可扭了腰了不曾？叫丫头们捶一捶。"刘姥姥道："哪里说的我这么娇嫩了。哪一天不跌两下子，都要捶起来，还了得呢。"①

---

① ［清］曹雪芹：《红楼梦》，人民文学出版社，2008年7月版，第463页。

因为心不在焉，没有专心在脚下，不留神摔了一跤（并没有造成伤害），只是景象狼狈，这样的情景往往是引人发笑的。就像曹雪芹一样，奥威尔在《动物农场》也设置了一个摔跤的场景，摔的是谁呢——尖嗓。"一天夜里十二点钟左右，院子里传出一声巨响，动物们急忙跑出去查看。这一天月光明亮，动物发现大谷仓的一端山墙墙脚，也就是写着"七戒"那面山墙下面，一架梯子断成两截。尖嗓似乎一时晕了过去，正趴在梯子旁边。在他身旁还扔着一盏灯、一支油漆刷子和一罐打翻了的白漆。几条狗立刻把尖嗓围起来，等他能站起来走路的时候，很快就把他护送回农场的住宅里。"回想他平时作为宣传部长发号施令的威风，看到如今这狼狈的样子，落差增加了喜剧感。

《动物农场》是一个悲伤的故事，里面的动物们被侮辱被损害被欺凌，无声无息地忍受与过活着，可以说是惨到了家，然而生活总是悲欣交集的，好的小说也是悲欣交集的。

最后请想一想，第八章倒数第三节里，拿破仑下令翻耕准备种植大麦来酿酒的那块小牧场，前文中有没有出现过？

## · 第九章（上）：假装

### 1. 退而无休

关于小牧场，之前曾经出现过两次。第一章里写本杰明和拳击手是好朋友，他们俩经常在果园那边一块小牧场上一起度过礼拜天，肩并肩地吃草。第三章再次提到，农场里的动物们全体都同意，把果园边的小牧场留着作为养老院，让那些失去工作能力的动物安度晚年。到了第八章，拿破仑下令这牧场要另作他用了，种大麦来酿酒。动物们的养老场所就不知在哪里了，第九章第二节里，"大家传说，大草场的一角将被圈起来作为年老体衰的动物啃吃青草的场地"，但这只是传说而已，把《动物农场》从头翻到尾，找不到哪个动物是过上退休生活的。

到了第九章，小说里的时间已经进入第四年，动物们的生存景况如何呢？第三节里写道："他们知道，当前的日子又辛苦又拮据，总是吃不饱，总是受冻，只要不是睡觉的时间，一天到晚都在劳动……"正如过重的学业让人想退学，过重的工作让动物们想退休，一旦谈到退休的问题，动物们就会讨论得很热烈。心向往之的东西正是眼前所稀缺的，可见眼前最稀缺的就是舒适、轻松的生活。

### 2. 挖空一个词

动物农场的统治者很狡猾，他们会保留一些美好的词语，把它挖空，只保留一个外壳，里面填充了完全不同的内容，让动物们继续使用，动物们用着这些词语，就以为自己已经过上了这些词语所描述的生活。尖嗓的宣传政策大有成效，掩盖了动物们悲惨的生活状况，让他们以为现在过得很不错，请看以下几个词语的使用。

A. 自由

尖嗓说："当初你们是奴隶，而今天你们自由了。"当时动物们在人类手下，是奴隶，这是事实；但今天的动物们依然是奴隶，光景甚至还不如从前，动物们抱着统治者扔过来的"自由"一词的空壳，就以为自己是自由的了——他们是一群自以为自由的奴隶。

B. 自发式的游行集会

里面包括了四部分内容：一圈圈地列队行走，朗诵歌颂拿破仑的诗歌，尖嗓的演讲（列举取得的成果），最后鸣放礼炮。除了限定内容，这游行集会另有四重限定。第一重，来源限定，这是拿破仑下令举行的；第二重，次数限定，每周必须有一次；第三重，时间限定，游行的时间是不变的；第四重，空间限定，游行的路线是规划好的。然而它的名称叫作：自发式的游行集会。

C. 自愿加班

这种类似的自发行为，在更早的时候就有了，第六章第二节里："整个春季和夏季，他们每周都劳动六十个小时。到了八月，拿破仑宣布他们在星期日下午还要加班劳动。愿意不愿意加班是绝对自愿的，只不过任何动物星期日下午不参加劳动口粮就要减半。即使这样，有些活儿仍然没能干完。这一年的收成不如头一年好……"

D. 等额选举

到了第四年四月，动物农场宣布成立共和国了，建立共和国就必须选举总统，总统候选人只有一位——拿破仑，他自然得到全体动物的选票，当上了总统。

什么是选举？选举是择善而推举的一种程序，用投票或举手等表决方式选出代表或负责人。选举的核心在选。什么是选？选就是挑选，是从若干人或事物中找出适合要求的。可见，选举的定义里就要求候选人必须不止一位。而动物农场里拿破仑的行为方式，可以用一个奇怪的词语来描述——等额选举——这个词语的前半部分和后半部分是互相矛盾的,"等额"意味着倘若职位是一个,候选人也只有一个,没得选也不必选。无论如何,总统都能当上,老百姓则是上当。

### 3. 破之又破

在第八章里,"七戒"已经全部被打破了,到了第九章,违反"七戒"的行为就愈演愈烈。

第三戒:一切动物都不许穿衣服。如今则是,"所有的猪,不论任何等级,在星期日都有权利在尾巴上系一条绿色飘带",这则规定要对照着第二章里的情节来看(把饰带扔在火里烧掉),显而易见地,情势绕了一圈,已经走到了反面。

第七戒:所有动物都是平等的。第九章的四、五两节,极写如今动物农场里的种种不平等。

婚姻的不平等——拿破仑独占四头母猪,育有三十一头小猪。

教育的不平等——小猪在花园里游戏运动,不许同其他小动物嬉戏。

食物的不平等——猪的日子过得很舒服,他们的体重都在不断增加,每天还有啤酒喝。狗的口粮维持不变,而其他动物的口粮标准则一减再减。

食物的不平等(猪群内部)——拿破仑自己有糖吃,但禁止其他的猪吃糖,理由是吃糖会使他们发胖。拿破仑的啤酒定量是每天一加仑,其他猪的定量是每天半品脱。装酒的器具也是不同的。

### 4. 乌鸦回来了

有些时候,鸟儿意味着某种信号。"燕子来时新社,梨花落后清明"(晏殊);"云中谁寄锦书来?雁字回时,月满西楼"(李清照),都传递着季节的消息。1936年,奥威尔去英格兰北部工业区考察工人生活状况,他和工人们一起下到三百码深的克里彭矿井,"我们换工作服的房间里放了几笼金丝雀。这是法律规定的,为的是监视空气质量,预防井下爆炸。只要这些吊笼送下来的金丝雀没有晕厥,空气就没有问题。"①

第九章里,也有一只鸟儿传递了信号。

"夏天过了一半的时候,摩西在销声匿迹几年之后,突然又在农场里出现了。与过去相比,他的变化不大。他仍然像从前似的任何劳动也不参加,继续高唱糖果山的老调。摩西栖在一个树桩上,扑扇着黑翅膀。只要有动物愿意听,他一谈就谈个把钟头……"

乌鸦摩西已经消失很久了,有必要回顾一下他的事迹,在第二章里记载的有三处:

第一处:摩西是琼斯先生驯养的最得宠的一只乌鸦。他是一个内奸,总爱搬弄是非。另外他还会花言巧语地编织瞎话。据他说,他知道世界上有一个很神秘的叫糖果山的地方,所有的动物死了之后都要到这个地方去……动物们都不喜欢摩西,因为他就喜欢闲扯,什么活儿都不做。但是他说的糖果山的事倒有些动物相信。三口猪费了好大

---

① [英]乔治·奥威尔:《奥威尔日记》,宋金译,上海译文出版社,2014年6月版,第54页。

唇舌才说服这些动物，叫他们不要相信有这么一个莫须有的地方。

第二处：（琼斯）有时候一连几天懒洋洋地坐在厨房里一把老式木头靠背椅子上，一边喝酒一边翻报纸。偶尔把面包片在啤酒里浸一下喂喂摩西。

第三处：琼斯太太从卧室的窗口里向外望去，正好看到发生的这些事。她急忙把一些财物收进一只毛毯缝制的口袋里，从另外一条路溜出了农场。摩西从架子上跳起来，扑扇着翅膀在后面追她，大声呱呱叫着。这时动物们已经把琼斯同他的工人追到外面的大路上，钉着五根栏木的大门在他们身后砰的一声关上了。

可以看到，随着琼斯夫妇的逃离，摩西也离开了动物农场。再往前看，第一章里，老少校召集大家来开动物集会，提到了摩西，是这样写的："现在除了摩西——农场上养熟了的一只乌鸦，总是睡在后门背后一根栖木上——所有的动物都到齐了。"

这就看得很清楚了，摩西没有参加动物集会，因为他是站在琼斯夫妇那一边的，他也喜欢啤酒，无论农场革命如何起起落落，他一概不参与……可以把摩西和茉莉对照着看：茉莉是动物中的一员，与动物们在一起，在中途出走投奔了人类；乌鸦摩西本该是动物中的一员，却始终和人类在一起。那么，如今乌鸦回到农场了，这意味着什么呢？

## ・第九章（下）：英雄之死

### 1. 拳击手的肺

乌鸦回来意味着什么，只要看看那些猪对他的态度就知道了，"所有的猪都轻蔑不屑地说,摩西的糖果山故事是编造的谎言,但他们又允许他留在农庄里,不参加劳动,每天还领取四分之一品脱的啤酒津贴。"可以这样理解,因为乌鸦摩西获得了跟四年前同样的待遇,所以他回来了;也可以换一个角度来理解,乌鸦摩西是人类的拥趸,他只愿意跟人待在一起,那么,如今允许他留在农庄,不劳动,每天领啤酒,属于什么族类呢?乌鸦的回来,隐隐地指出了小说最后一章的结局。

在风车战役中,拳击手多处负伤,膝盖流血,后腿中弹,蹄子绽裂,过了很久也未能痊愈,但他还是忍痛工作,为了风车的重建,一天也没有休息,苜蓿劝他:"马的肺是经不住永远这么干活儿的。"他根本不听。他是动物们心目中的劳动英雄,但年岁不饶,"他的皮毛不像过去那样光泽闪闪,他的巨大的后胯也好像抽缩了。别的动物都说,等春天长出牧草以后,拳击手就会强健如初了",不知为何,奥威尔好像与杜甫心灵相通,这几句话的意思,分明就是杜甫在《瘦马行》里写过的:"……皮干剥落杂泥滓,毛暗萧条连雪霜……谁家且养愿终惠,更试明年春草长。"

这只是美好的心愿,终于,在一个夏天的黄昏,拳击手倒下了,那是悲伤的一幕。

农场里大约有一半动物急急忙忙地向屹立着风车的小山丘跑去。只见拳击手倒在地上,身子卡在两根车辕中间。他挺着脖子,却无法抬起头来。他的目光已经迟滞,腰身被汗水浸湿,皮毛粘连在一起,一小道鲜血从嘴里流出来。苜蓿在他身旁跪下。

"拳击手,"她喊道,"你觉得怎么样?"

"是我的肺出了毛病。"拳击手声音微弱地说……

一切小说都是自传。同样是小说家的福楼拜说过:"我的原则,是不写自己。艺术家在作品中,犹如上帝在创世中,看不见摸不着却强大无比。其存在处处能感到,却无处能看到。"[1]奥威尔写《动物农场》写了四个月,是在1943年年底到1944年年初,他去世于1950年1月,他似乎是提前在小说里预言了自己的弥留之际,杰弗里·迈耶斯《奥威尔传》是这样写的:"1950年1月21日午夜后不久,他肺内一条血管破裂,出了大量血。这次内出血的确未能止住。他所在病房的门上有玻璃窗,夜灯开着,然而他无力按铃叫护士,所以无人听到他的闷声呼救。等有人来查看他时,他已经死了。"[2]

### 2. 真正的朋友

在中国,有一个成语形容真正的朋友:管鲍之交。这是春秋时齐国的一对生死知己,管仲和鲍叔牙,《列子》记载,管仲尝叹曰:"吾少穷困时,尝与鲍叔贾,分财多自与,鲍叔不以我为贪,知我贫也。吾尝为鲍叔谋事而大穷困,鲍叔不以我为愚,知时有利不利也。吾尝三仕,三见逐于君,鲍叔不以我为不肖,知我不遭时也。吾尝三战三北,鲍叔不以我为怯,知我有老母也。公子纠败,召忽死之,吾幽囚受辱,鲍叔不以我为无耻,知我不羞小节而耻名不显于天下也。

---

[1] [法]福楼拜:《福楼拜文学书简》,丁世中、刘方译,人民文学出版社,2022年1月版,第134页。

[2] [美]杰弗里·迈耶斯:《奥威尔传》,孙仲旭译,东方出版社,2003年11月版,第428页。

生我者父母,知我者鲍叔也!"此世称管鲍善交者。

驴子本杰明和辕马拳击手,可谓是动物界的管鲍之交。

当其他动物跑回去通报消息时,留在拳击手身边的只有两位,苜蓿和本杰明。本杰明"卧在拳击手身旁,默默无言地用自己的长尾巴给他轰苍蝇",这是很动人的一个场景,是在朋友患难之时的关心与帮助。

当拳击手的力气稍微恢复了一点儿以后,他挣扎着站起来,一瘸一拐地走回马厩。这时苜蓿和本杰明已经用稻草为他铺好了软软的床铺。

拳击手在马厩里休息了两天,到了晚上,苜蓿来陪他聊天,本杰明则在一旁为他驱赶苍蝇。

本杰明一向是安静沉默的,对世事看得很透,话不多。他唯一的一次失态也是为了拳击手,那天,动物们吃惊地看到本杰明从农场住房方向飞快地跑过来,一边跑一边扯直了嗓子喊叫。这还是动物们第一次看见本杰明这样激动,而且,说实在的,也是他们第一次看见本杰明这样拼命奔跑。"快点,快点!"本杰明喊道,"快点儿来!他们正要把拳击手弄走呢!"

在小说的最后一章里提到,许多年过去了,"只有毛驴本杰明还同过去的样子差不多,只不过鼻尖和嘴巴上的毛更加灰白了一点儿。从拳击手死了以后,他的性格更加孤僻,一句话也不爱说。"

### 3. 谈艺录Ⅹ:如何呈现一个英雄的死亡

一切都是欲盖弥彰:车上的字样,尸骨无存,换来的一箱威士忌，拳击手就这样被出卖了。这正应了起初老少校的预言："这种恐怖的命运咱们谁都逃不脱——牛也好、猪也好、鸡和羊也好，都要遭受这个劫难。就是马和狗的命运也一样。就拿你说吧，拳击手，只要你那强健的肌肉力气一消失，琼斯就要把你卖给屠杀牲口的人，你的喉管就要被割开，肉被煮烂，当作猎狐犬的食物。"拳击手奋斗了一辈子，到头来落得这样的命运，多悲惨呀，而万万没有料想到的是，杀害他的并不是琼斯，而是同样身为动物中一员的拿破仑！

拳击手是当之无愧的动物农场里的英雄，奥威尔是如何呈现一个英雄的死亡的？他让读者把目光集中于一扇窗户，在窗户中是英雄的面孔，随后这样写道——

就在这个时候，拳击手好像听到外面的叫嚣，从货车背后的小窗户后面探出他那鼻子上生着一道白条的面孔来。"拳击手！"苜蓿惊惧万分地喊道，"拳击手！出来！快点出来！他们要拉你去送死啊！"……谁也说不准拳击手是否听懂苜蓿对他说的话。但是过了一小会儿，他的脸已经从窗口消失了，接着货车里面传出马蹄踢打板壁的巨大轰鸣声。拳击手正在拼命从马车里挣脱出来。如果在过去，他只要扬起巨蹄，几脚就能把货车像个火柴盒似的踢碎。但是可惜啊，他现在已经没有这样的力气啦。又过了一会儿，车棚里的踢打声越来越弱，最后一点儿声音也听不到了……拳击手的脸再也没有从窗户后面显露……

荷马史诗《伊利亚特》里，这样描写萨尔佩冬的死亡，他被帕特罗克洛斯的铜枪击中了心脏：

> 萨尔佩冬当即倒下，有如山间橡树
> 或白杨或高大的松树倒地，被伐木人
> 用新磨的利斧砍倒准备材料造船。
> 萨尔佩冬也这样伸展开倒在车马前
> ……死亡罩住了鼻孔和眼睛。①

《小王子》的结尾，写小王子在地球上待满了一年，他想回B612星球，受限于这副沉重的躯壳，于是他请一条能让人致命的蛇来帮忙，"只见他的脚踝边上闪过一道黄光。片刻间他一动不动。他没有叫喊。他像一棵树那样缓缓地倒下。由于是沙地，甚至都没有一点声响。"②

萨尔佩冬是宙斯之子，命中注定要战死沙场；小王子是宇宙中的一个小小英雄；拳击手是一匹马，在奥威尔的笔下，拳击手留在动物们眼中的最后一幕（约等于他的死亡），是一个盖世英雄临终的场景。

将三则经典作品放在一起，略作研究，如何呈现一个英雄的死亡？

第一，死亡是向下的沉没。英雄之死，倒下更缓慢，也更沉重。

---

① ［古希腊］荷马：《伊利亚特》，罗念生、王焕生译，人民文学出版社，1994年11月版，第428—429页。
② ［法］圣埃克絮佩里：《小王子》，周克希译，上海译文出版社，2002年6月版，第121页。

荷马写萨尔佩冬倒下，有如山间橡树或白杨或高大的松树倒地；小王子也是像一棵树那样缓缓地倒下。拳击手的倒下在前面几节："拳击手倒在地上，身子卡在两根车辕中间。他挺着脖子，却无法抬起头来。"

第二，荷马用的句子是"死亡罩住了鼻孔和眼睛"，是一种电影式的镜头推近，由全身直至面部的特写。奥威尔同样也写鼻子和眼睛，拳击手"从货车背后的小窗户后面探出他那鼻子上生着一道白条的面孔来……但是过了一小会儿，他的脸已经从窗口消失了"，我们不妨把那扇小窗户看作生命之窗，当拳击手的鼻子、鼻梁上的那一道白条，马的面孔从窗口消失的时候，也就意味着他被死亡罩住了。

第三，英雄之死的到了最后，是归于安静的。小王子没有叫喊，他像一棵树那样缓缓地倒下，由于是沙地，甚至都没有一点声响；拳击手在货车的车厢里，踢打声越来越弱，最后一点儿声音也听不到了。

### 奥威尔的马与凡高的马

《奥威尔日记》的编辑彼得·戴维森等人查阅了奥威尔在 1922 年的印度皇家警察入职考试成绩，他的希腊语和拉丁语的成绩名列前茅，骑术考试得了 104 分（满分 200，及格 100），名列倒数第三（共 23 名考生），奥威尔的骑术至少是合格的。

《动物农场》是 1945 年 8 月出版的，版税收入不错，9 月奥威尔就租下了苏格兰朱拉岛上的一幢房子，在他生命的最后五年，绝大部分时间都在这个岛上。《朱拉岛》日记里写到过马，1947 年 7 月 5 日的日记："我今天去阿德卢萨还了那匹小马驹。我大半路程是走着去的,因为小马驹没有鞍,骑着很累……我给小马驹钉了掌,借了马鞍,然后骑着去了塔伯特。那儿只有 6 英里远,但这是我许多年来第一次骑马,骑得我很酸。"[1]

拳击手的动人形象,不单单来自生活中的马,也有文学的渊源,根据传记作家杰弗里·迈耶斯的考证,奥威尔从小就爱阅读,鬼故事,侦探小说,威尔斯的科幻作品,莎士比亚的剧本,爱伦坡、狄更斯、吉卜林的小说,他都喜欢:"就在他 8 岁生日前,他偷偷拿到了本来将作为礼物送给他的《格列佛游记》并一口气读完。奥威尔从斯威夫特笔下有理性的马那里得到启示,在《动物农场》中把那匹马作了理想化描写。"[2]《格列佛游记》第四卷写了一个慧骃国,慧骃国的统治者是马,在他们的语言里"慧骃"的意思是万物之灵。慧骃国里也有人类,但肮脏贪婪,举止丑陋,被称为耶胡(Yahoo),有一家著名的互联网公司,用的就是这个名字。

拳击手力大无穷,战斗时一马当先,干活时拼尽全力,心地善良,牛棚战役中以为自己踢死了人,他眼中含泪反复说:"我不想伤害性命,即使人我也不想杀害。"他也坚持事实与正义,在形势很不利的时候,还为雪球辩护,差点给自己惹来杀身之祸。审判与屠杀以后,动物们来到小山上,卧倒在地相互取暖,只有拳击手没有躺平,他在小山上的形象,长久地印在读者的脑海里——他不安地晃动着

---

[1] [英]乔治·奥威尔:《奥威尔日记》,宋金译,上海译文出版社,2014年 6 月版,第 596 页。
[2] [美]杰弗里·迈耶斯:《奥威尔传》,孙仲旭译,东方出版社,2003 年 11 月版,第 26 页。

身体，一条黑长毛尾巴抽打着身子，不时发出一声表示惊疑的短促嘶叫。

中国诗人中，可能是杜甫写马最多也写得最好，"竹批双耳峻，风入四蹄轻"，"五花散作云满身，万里方看汗流血"，"哀鸣思战斗，迥立向苍苍"，马的精神马的蹄声，在杜甫的笔下呼之欲出。除了前文提到过的《瘦马行》，与第九章里的拳击手相契合的，是杜甫的那首《病马》：

> 乘汝亦已久，天寒关塞深。
> 尘中老尽力，岁晚病伤心。
> 毛骨岂殊众？驯良犹至今。
> 物微意不浅，感动一沉吟。

有时间请翻阅西顿的《跑侧对步的野马》，看看这位动物小说之父，是如何写一匹马的死亡的。

## ·第十章（上）：一戒

西顿《跑侧对步的野马》结尾，老汤姆用计诱捕了野马后，在它左肩上烙上火鸡爪印，绑住它的前蹄赶着它走，野马竭尽全力，挣脱无望，就用剩下的全部力量，冲上一个陡峭的悬崖，纵身一跃，落到两百英尺下的岩石上。

马是一系列悖论的完美组合，自由与忠诚，勇敢与驯良，野性与亲人……马的离去意味着英雄末路，项羽感叹乌骓，关羽坐骑赤兔的绝食，秦琼卖黄骠马……尽显人间的苍凉。奥威尔身高一米九，高出众人一个头，患肺病多年，去世时年仅四十六岁，拳击手也仿佛是他本人身世的写照——哀鸣思战斗，迥立向苍苍。

### 1. 年复一年，是哪一年

第十章为全书最后一章，开头是这样写的："年复一年地流逝。四时更迭，岁月交替，很多寿命短促的动物都已死去。终于到了这样一天，除了苜蓿，本杰明，乌鸦摩西和一些猪之外，已经没有什么动物还记得造反前的那个时代了。"

作者没有直接写明到底过去了多少年，如果我们想要查考，这究竟是哪一年，该从哪里入手？可以从第二段的这句话入手："苜蓿已经老了。她体形变得肥胖，关节僵硬，而且双目总是泪水模糊。两年前她就应该退休了。"还记得吗，第九章里提到动物农场最初的退休方案，马和猪的退休年龄是十二岁。既然苜蓿两年前就应该退休了，由此可以推断，如今她已经十四岁了。

苜蓿的年龄，可以成为判断小说时间的一个参照，在小说开始时苜蓿是几岁呢？第一章里写道："苜蓿是一匹粗壮的中年母马，在生过第四胎马驹之后，就没能再恢复原来美丽的体型。"母马到了三岁可以怀孕生子，粗略算一年一胎，那么第一章老少校召开动物大会时，估计苜蓿七岁，第九章时苜蓿十岁，第十章写苜蓿十四岁了。于是可以得出两个结论：第一个结论，从第九章到第十章隔了大约有四年；第二个结论，从第一章到第十章的时长总共大约有七年。

### 2. 老动物的尾声，新动物的出身

四年过去了，在最后一章里，之前出现过的角色都得有一个交代。

山羊穆瑞尔、三条狗，都已经不在了。

琼斯死在了一个酗酒流浪汉收容所。

雪球是谁，拳击手是谁？他们都被遗忘了。

苜蓿已经老了，体形肥胖，关节僵硬，老眼昏花。

拿破仑体重三百多磅，尖嗓胖得两只眼睛眯成一条缝。

只有驴子本杰明同过去的样子差不多，但他变得孤僻，一句话也不爱说。

就这样，逐一交代各个角色的身世下落，世事变迁，有劫灰飞尽古今平之感。小说接着写道："农场里的动物自然也增加了不少，只不过并没有像早年预料的那么多。很多动物虽然是在农场里出生的，但是对他们来说，过去那场造反只是口头传下来的一件模糊的往事。另外也有的动物是从外面买过来的，在到农场以前他们根本没听说过造反的事。"

以上这段话里有一个字，很容易忽略过去，却是相当要紧的一个字，这个字区分了动物农场里动物们两种不同的出身，也揭示了动物农场最后的面貌，是哪一个字——买。动物农场的下一代与下下代，有的是在农场里出生的，也并不记得七年前的那一次动物革命了；"另外也有的动物是从外面买过来的，在到农场以前他们根本没听说过造反的事"。这里的可怕之处有两点，其一，这些新成员不了解农场的历史，也就意味着农场先辈们的热血、辛劳、眼泪和汗

水都白费了。其二，这些新成员的加入，不是自由迁徙，主动加入的，而是"买"来，他们是被买卖的劳力与生命，换句话说，他们是不自由的奴隶。谁是买主呢？动物农场的主人是谁，买主就是谁。答案是不言而喻的，就是农场里最胖的那几位。

那么，有没有写到被买来的新成员呢？那三匹新出现的马很有可能就是买来的。之前农场里总共就三匹马，茉莉在第一年的冬天就逃跑了，拳击手在第四年被谋害了，苜蓿后来也老了，显然这三匹新马不是苜蓿所生，文中提到"他们对苜蓿几乎是怀着孝敬之心那样尊重"，也从侧面证明了他们不是苜蓿的子女。可以推测，这三匹健壮而笨笨的马是被买来的。

### 3. 风车造好了，生活变糟了

聪明的读者可能会猜想这个故事的结局，既然统治者如此暴虐，如此贪婪，贪图享受，酗酒……几乎无恶不作，想必动物农场会民怨沸腾，而这种暴虐的统治也就到了尽头。然而，阅读是一场有趣的智力游戏，优秀作者和优秀读者，仿佛在进行一场无声的对弈，有对峙、有判断、有较量，然而无论如何，双方必须在一起才能把棋下完。《动物农场》的结尾是出乎意料的一手，局面顿时改观了，奥威尔是这样写的："同过去比起来，农场现在呈现出欣欣向荣的景象，一切显得更加井井有条。他们从皮尔京顿手里添置了两块地，土地面积更加扩大了。风车最后终于建成，所以农场已经添置了一台打谷机和一台干草码垛机。另外，又加建了不少新房子。"

这样看来，动物们安居乐业的理想好像已经实现了，为之奋斗多年的风车也已经建成了！没有料到的是——虽然农场越来越富，但是大部分动物们的生活依然处在饥饿中，晚上还是睡在稻草上，在池塘里饮水，在地里干活，冬天挨冻，夏天被蚊虫咬。为什么会是这个样子？因为独裁不仅是一种统治方式，独裁也是一种社会分配制度，一种不公正的分配制度——窃贫济富。《道德经》第七十七章，老子概括过两种不同的道："天之道，其犹张弓欤？高者抑之，下者举之；有余者损之，不足者补之。天之道，损有余而补不足。人之道则不然，损不足以奉有余。"在动物农场里，统治者剥削再剥削那些本来收入就很低的中下层，闷声不响地占有了绝大部分社会财富。

第十章第五节写道："也许部分原因在于猪和狗的数量太多了……猪和狗并不参加生产食物的劳动……他们的数量又如此之多，食欲又永远那么好。"以人类的眼光来看，猪和狗属于在政府机构工作的公务员，关于这一点，经济学家张维迎在一次演讲中有过数据分析，"以2016年为例，平均每万人拥有政府的机构数增加1%，人均专利下降1.7%；公共部门就业比重如果上升1%，人均专利下降1.95%。所以说，更大的公共部门、更多的政府干预，对创新有不利的影响。"[①]

### 4. 打破隐藏的第八戒

"七戒"是在第二章颁布，用白漆涂在黑色的墙上的，后来一条一条地被违反，到了第八章，"七戒"里的每一条都被打破了。同时

---

① 2019年12月28日，张维迎演讲《靠什么成为制造业强国？》，《复旦商业知识》2021年2月3日。

请不要忘记，大谷仓的这面涂了柏油的墙上，除了"七戒"，还有什么字样？有必要回顾一下第三章——

像羊、鸡、鸭这些愚笨的动物，甚至连七条戒律也记不住。雪球煞费脑筋地思索了一番，最后宣布说，七条戒律的含义实际上可以概括为一句："四条腿好，两条腿坏。"他说这句话包含了动物主义的基本道理。谁能彻底掌握这句话，谁就保险不受人的影响……于是所有那些低等动物就开始努力背诵这句新格言了。"四条腿好，两条腿坏"几个字也被写在大谷仓墙上，写在七条戒律上面，字体更大。绵羊背会这句话之后，对这句格言特别喜爱……

请注意，这句话是用更大的字体写在七条戒律的上面的，于是，对这句话的打破，就得用一个更大的场面，在光天化日之下打破，而不是在夜里偷偷摸摸地窜改了。怎么来打破"四条腿好,两条腿坏"这个动物主义的基本道理呢，显然经过了周密的策划，一切都是有计划有步骤的。

第一步，尖嗓训练绵羊整整一周，教他们新的口号。

第二步，趁着动物们在地里劳动，把"七戒"和"七戒"上面的八个字，一起涂掉，用全新的一条取而代之。

第三步，选择动物们收工回住所的时段，在院子里公开用两条腿走路，展示给动物们看。出场的顺序也是精心安排的——尖嗓先出场，接着是一队猪，最后，在几条狗的狂吠和黑公鸡的啼叫中，拿破仑也从屋子里走出来了。

第四步，所有的绵羊一起喊口号："四条腿好，两条腿更好！"持续重复五分钟。

第五步，在绵羊的呼喊声中，所有的猪用两条腿走路，走回住宅。以上过程，让全体动物们亲眼看到，亲耳听到，完全接受新的指示。

第六步，让动物们目睹谷仓墙上的新标语（提前刷好了，此时被看见），了解一种全新的平等观。

### 5. 新的一戒意味着什么

所有的动物都是平等的，但有些动物比其他动物更平等——这是一个病句。

首先，"所有"是一个表示属性的形容词，意思是一切的，全部的。"有些"是一个指示代词，意思是有一部分，有的。显然，"有些动物"应该包含在"所有的动物"之中，而不是被区别开来。

其次，"平等"的意思是在社会、政治、经济、法律等方面享有相等待遇。"更"是更加，表示程度上又加深了一层或者数量上进一步增加或减少。不可以用"更"来修饰"平等"，因为"平等"就是大家都一样，而"更"则意味着不一样，这两个词一旦靠近就有抵触。

既然是一个病句，那么这个句子到底要表达什么呢？确切的意思应该是这样的：动物农场里，在表面上所有的动物都是平等的，但事实上有些动物凌驾于其他动物之上。

于是问题就来了，为什么不直接把这层意思清楚地写在上面，而要用一个病句呢？答案是，如果把这层意思清清楚楚地写出来，估计数量庞大的底层动物们认清事实后会揭竿而起，推翻这不公正的社会制度。采用病句的好处在于让目击者摸不着头脑，这个病句好像一个迷魂阵，陷在里面的就稀里糊涂的，失去了判断力，何况那些动物本来识字就不多,大部分连字母都认不全。在奥威尔的另一部小说《一九八四》里,有更著名的三个病句,写在伦敦真理部三百米高的建筑的墙面上:"战争即和平,自由即奴役,无知即力量。"同样混淆是非,扰乱正常思维。

也许有人会问:为什么需要这个句子?索性什么都没有,不是更好嘛。对于统治者来说,有法律比没有法律好。哪怕有的是假货,是山寨,是不良的替代品,也总比什么都没有要好。"所有的动物都是平等的,但有些动物比其他动物更平等。"无论是对外宣传,还是对内教育,都可以堂而皇之地说:你看,动物农场也是有宪法的,尽管领袖想改就改,但一切都是按法律来的。

最后请想一想,为什么拿破仑解放了前肢以后,蹄子里没有夹着别的东西,而是夹一根鞭子?

## • 第十章(下):收尾

### 1. 小说结束的时间

鞭子的功能是警诫与惩罚,正如刀剑象征着入侵,鞭子象征着具有等级鸿沟的统治与管理,生活在鞭子之下的,不是俘虏就是奴隶。拿破仑夹一根鞭子,是他的身份、地位、统治权的外在表现。果然,第二天,"监督动物劳动的猪都用前蹄捏着一杆鞭子",七年过去了,所有的猪到最后都知道自己在做什么。

在第一讲提到过,每本小说都加了密码锁,打开锁的三个关键刻度是小说的时代、时长、时刻。

读者也记得,《小王子》的故事从黎明开始,他和第一缕阳光一起来到;他的故事在夜晚结束,他要我们抬头望着满天的星星,他就住在其中的某一颗上面。

《绿野仙踪》的龙卷风是在大白天里卷过来,把多萝西连人带屋一起卷到了芒奇金,多萝西借着那双银鞋子回到堪萨斯,也还是在大白天。

《哈姆雷特》的开头是深夜在城墙上见鬼,结束是在城堡中的一个厅堂,冷冰冰的四具尸体。

《狂人日记》开始于一个有月亮的晚上,结束的时候狂人在一个黑沉沉的屋子里,他感觉自己几乎要被倒下来的屋子压死。

《动物农场》呢?开始于一场全体动物的集会,集会的时间是在某个深夜。到了结尾,种种迹象都让读者回想起小说的开头(估计这正是作者希望的),同样地,结尾也是一场隆重的不同寻常的集会,同样地,集会的时间也是在某个深夜。可惜的是,参与集会的不再是全体动物,而是农场里五六头地位最高的猪和外来的五六个农场主。正如你所看到的,《动物农场》从开头到结尾都是幽暗的,这是一个始于黑夜、终于黑夜的故事。

### 2. 海明威 vs 奥威尔

海明威与奥威尔可能见过面,1944 年 2 月 15 日到 3 月 6 日他们都在巴黎,"海明威难得地赞扬了一个同时代作家,称《向加泰罗尼亚致敬》是本一流的书,奥威尔是个一流的人,也遗憾未能跟他多待些时间。他认为自己的政治观跟奥威尔的很接近……奥威尔(他将在几个月后的 1945 年 8 月出版《动物农场》)告诉海明威他担心自己会被俄罗斯人枪杀,在西班牙他们就追捕过他,那时仍视他为危险的敌人……他提出借一把手枪,海明威就借了他一把柯尔特点 32 口径的手枪。"不过奥威尔从未提到过这次会面,也不曾为他们的谈话留下记录。《老人与海》于 1952 年出版。有意思的是,《老人与海》与《动物农场》的结尾,至少有三处相似。

第一处相似,临近全书结尾,最后一天的下午,都有访客到来,而且这些访客都是第一次来到这个地方。《老人与海》:"那天下午,露台饭店来了一群旅客……"

《动物农场》:"一天下午,农场里进来几辆双轮小马车。邻近的几家农场主组成一个代表团被邀请来农场参观……"

第二处相似,都从外人的眼中重新看到小说里的核心事物,外人对其中的劳苦,为之所付出的重大牺牲,一无所知。

《老人与海》:"有个女人朝下面的海水望去,看见在一些空啤酒罐和死梭子鱼之间有条又粗又长的白色脊骨,一端有条巨大的尾巴,在东风在港外不断地掀起大浪的时候,这尾巴随着潮水起落、摇摆。"

《动物农场》:"客人们被带着到处走了一遍。他们对看到的事物,特别是那架风车,赞不绝口。"

《老人与海》中,访客中的那个女人并不知道老人花了三天三夜的时间与这条大马林鱼搏斗,捕获后的归途却被鲨鱼啃得只剩下一根鱼骨头。

[美]杰弗里·迈耶斯:《奥威尔传》,孙仲旭译,东方出版社,2003 年 11 月版,第 323—325 页。

《动物农场》里，那些客人们也未必知道风车曾经被风刮倒过一次，被炸塌过一次，劳动模范拳击手也是因为建风车而负了重伤。

第三处相似，两位作家的最后一句，点题都稍稍有点过。

《老人与海》最后一段："在大路另一头的窝棚里，老人又睡着了。他依旧脸朝下躺着，男孩坐在他身边，守着他。老人正梦见狮子。"——末句"老人正梦见狮子"，何必一定要点明老人豪迈的梦呢，以孩子守着入睡老人的场景结束，岂不是更安静，意味也更深长么？

《动物农场》的最后一句："窗外的动物们先看看猪，再看看人，又反过来先看人，后看猪，但他们再也分辨不出人和猪有什么分别了。"前面已经写过："十二条喉咙在愤怒地狂喊，再也分不出哪个是人、哪个是猪来了。"英文为 Twelve voices were shouting in anger, and they were all alike. 后半句可以直译为"他们的声音全都一个样儿"，也可以译成"他们何其相似"，既然如此，最后一句倘若不重复，留出空白让读者自己体会，是不是会多几分余味呢？

### 3. 黑桃 A

最后六个人和六头猪吵了起来，"因为拿破仑和皮尔京顿先生同时亮出一张黑桃 A 来"，不懂桥牌的读者会问，这是怎么回事？

首先，按照桥牌规则，一局桥牌，限定四位参与者，现场十二位里估计有八位是观众；其次，桥牌一共五十二张，花色有高低级别，依次是黑红方草，理论上黑桃 A 是最大的一张牌（具体要看定约）；最后，一副牌里只有一张黑桃 A，这里出现了两张，显然是有一方作弊了。

奥威尔在《乌克兰文版序》里说，"许多读者在读完本书之后可能有这样的印象：它以猪和人的完全修好收场。这不是我的原意；相反，我原来是要在一种很不和谐的高音符上结束……"用什么场景来表现出这种不和谐呢？奥威尔用了一个打牌的场景，以某一方作弊而导致争吵来写出这种不和谐。确实，农场与农场的相互依存与竞争，国与国之间的钩心斗角，都是跟打牌一样的博弈，只有稳、冷、狠者才能胜出。

### 4. 谈艺录XI：反者道之动

《老子》第四十章："反者道之动，弱者道之用。天下万物生于有，有生于无。"意思是说，道的运动是循环的，道的作用是柔韧的。一部好小说宛如一个生命体，也会呈现出道的运作。

"反者道之动"里的"反"，可以理解成相反，违反。哪些内容起初有，最后被违反了呢？不妨罗列一下。

动物们选举权被剥夺了；《英格兰牲畜之歌》早就不唱了；"七戒"已经没有了；过去农场的动物互称同志，今后禁止再这样称呼了；每星期日上午要列队走过钉在木柱上的一个猪骷髅，这个仪式也将被取消，骷髅已经埋起来了；过去绘制在旗上的白色兽蹄和兽角现在都没有了，取而代之的一面没有图像的纯绿色旗帜。追求平等的动物主义，最后反而成了比过去更严酷的奴隶制。

"反者道之动"里的"反"，也可以理解成返回，回到起初。在最后一章的酒会上，皮尔京顿发表感言，所有这些疑虑现在都已经烟消云散了……可以这样说，动物农场的下等动物比这一地区中任何动物干的活儿更多，消耗的口粮更少。他相信他的这个结论是正确的。最后他总结道："如果说你们有一些下等动物要对付，我们也不得不同下层阶级作斗争！"这句话之所以引起了笑声，是因为总结出了农场管理者的共同点，从等级的划分来看，都分成上等与下等，确实没有什么区别。拿破仑则在酒会上宣布："动物农场"这个名字已经废除了。从今以后，这个农场恢复了过去的名字"庄园农场"，他相信原来的这个名字是正确的——这两位的发言，说明了动物农场的彻底回归，与琼斯担任农场主的时候没有区别了，你看，就连拿破仑身上穿的衣服也都是琼斯的呢。

"反者道之动"，意味着一个好故事的结尾，已经蕴含在它的开头之中。在三维世界里打一个比方，一篇好小说就像蛋筒上面的冰淇淋卷，旋转啊旋转，旋出一个向上的螺旋体；如果把这条螺旋线投影在二维平面上，那么这条线的终点与起点正好是合一的。

在第一讲里提到过诗人 T.S. 艾略特，他不太欣赏《动物农场》，拒绝了奥威尔的投稿，有意思的是，T.S. 艾略特在诗歌《四个四重奏》有几句诗，恰恰是对《动物农场》的开头和结尾的贴切形容："由于这种爱和召唤声的吸引／我们将不停止探索／而我们一切探索的终点／将是到达我们出发的地方／并且是生平第一遭知道这地方。"①

### 5. 两扇窗

终点与起点的合一，还可以举出一对有意思的例子，是一前一

---

① ［英］艾略特：《情歌·荒原·四重奏》，汤永宽译，上海译文出版社，1994 年 3 月版，第 136—137 页。

后的两扇窗。

第一扇窗，出现在小说的开头，琼斯等五人已被动物们打得落荒而逃之时，"琼斯太太从卧室的窗口里向外望去，正好看到发生的这些事。她急忙把一些财物收进一只毛毯缝制的口袋里，从另外一条路溜出了农场……"这样，动物们才占领了农场。

第二扇窗，出现在小说的结尾，皮尔京顿一行访客和拿破仑众猪正在把酒言欢，"个子大的动物便伸着脖子从餐厅的窗户外面往里看。只见围着长桌坐着五六个农场主和五六头地位最高的猪……主客正在兴高采烈地玩牌……动物们还没有走出二十码远，突然又停住了；他们听见住房里传出吵吵嚷嚷的声音。他们急忙跑回去，再一次从窗户外面向里探望。一点儿不错，屋子里正发生一场激烈的争吵……"

第一扇窗是从里往外看，第二扇窗是从外往里看；

第一扇窗是人看动物们，第二扇窗是动物们看人，也看几乎和人一样了的猪；

第一扇窗是琼斯太太在看，看得心惊肉跳，收拾细软而逃；第二扇窗是苜蓿领头带着动物们在看，看得莫名其妙，他们再也分辨不出人和猪的区别了。

第一扇窗的外面，人类正被动物们打败，退出农场；第二扇窗的里面，人类是被邀请来的座上宾，猪和人之间不再有敌我冲突，只有持续下去的共同利益。

这两扇窗户，窗里窗外的种种所见，显然是作者用心经营的。从最初的窗到最后的窗，读者也看到了许多。站在最后一章回望整部小说，如果有人问：动物农场里的革命成功了吗？奥威尔并没有直接说出他的看法，他的小说只是一系列的展示与呈现。

在一篇评论狄更斯的文章里，奥威尔有过这样的总结："在他（狄更斯）看来，革命只不过是由暴政所生产的一个恶魔，最后以吞噬它自己的生产者收场……而且狄更斯十分确信革命是个恶魔。正因为如此，人人都记得《双城记》中的革命场面；这些场面有噩梦的性质，而这是狄更斯自己的噩梦。他一再坚持认为革命的恐怖行为是没有意义的——大批屠杀，无法无天，到处是令人提心吊胆的间谍密探，暴民的嗜血成性……在他看来，革命家不过是丧失人性的野人，事实上，不过是疯子而已……总是有个新暴君在等着从老暴君那里接过手来。"[1]

这篇评论文章的题目叫《查尔斯·狄更斯》，写于1940年，中文译文有六十多页，也许是奥威尔写得最长的一篇评论文章了，从中可以看出，狄更斯的《双城记》与奥威尔的《动物农场》有着文学史上的前承后递，《双城记》有两段著名的文字，一段是开头，另一段是第五章里写葡萄酒，请找来读一读，想想与《动物农场》的关联。

---

[1] ［英］乔治·奥威尔：《英国式谋杀的衰落》，董乐山译，上海译文出版社，2007年6月版，第36、43页。

# 结　语

## 1. 渊源：《双城记》与《动物农场》

《双城记》的开头："那是最好的年月，那是最坏的年月，那是智慧的时代，那是愚蠢的时代，那是信仰的新纪元，那是怀疑的新纪元，那是光明的季节，那是黑暗的季节，那是希望的春天，那是绝望的冬天，我们将拥有一切，我们将一无所有，我们直接上天堂，我们直接下地狱——简言之，那个时代跟现代十分相似。"[1]

请重读《英格兰牲畜之歌》，里面同样含有截然的二分法，颠覆的感觉，矛盾与对立——为了这一天，我们一定要奋斗，/ 即使我们死在自由到来之前。/ 牛、马、鸡、鹅……所有的动物们，/ 为争取自由大家都要流血流汗。// 英格兰的牲畜、爱尔兰的牲畜，/ 普天之下的兄弟们、姐妹们，/ 请听我说这个喜讯：告诉大家 / 牲畜们将有一个金光灿烂的明天。

《双城记》第五章写酒："一大桶葡萄酒掉在街上，裂开了，这事发生在从马车上卸酒桶的时候，酒桶一轱辘翻滚下来，桶箍裂了，

---

[1] ［英］查尔斯·狄更斯：《双城记》，石永礼等译，人民文学出版社，1993年10月版，第1页。

正好躺在酒店门外的石路上,像核桃似的四分五裂。附近的人们全都放下自己的工作,闲着的也忙起来,一起赶到出事地点喝葡萄酒……这酒是红葡萄酒,它染红了巴黎圣安东区那条狭窄的街道上它倒出来的地方。它也染红了许多手,许多脸,许多赤脚和许多木鞋。"①

回想一下《动物农场》第七章里:"这几名罪犯都被当场处死。就这样,供认罪行和判处死刑一直继续下去,直到拿破仑脚下积起一堆尸体,空气里弥漫着一股血腥气味。"

两段文字里都有非同寻常的事件发生,都有四分五裂,也都有鲜红的色彩……

奥威尔说:"如果你痛恨暴力又不相信政治,剩下的惟一办法是教育。也许社会已病入膏肓,但是对个别人总是有希望的。"②于是他写了《动物农场》,教育后人要提防集体的狂热,提防暴风骤雨式的革命,提防独裁者。

### 2. 情节:用四个词概括

一次革命、两场战役、三架风车、七条戒律——记住这几个词语,也就能回忆起《动物农场》的主要情节。

一次革命:动物们的革命源于老少校的一个梦境,动物梦都写

---

① [英]查尔斯·狄更斯:《双城记》,石永礼等译,人民文学出版社,1993年10月版,第27—28页。
② [英]乔治·奥威尔:《英国式谋杀的衰落》,董乐山译,上海译文出版社,2007年6月版,第38页。

在《英格兰牲畜之歌》里，他们推翻了琼斯的统治，建立了属于自己的动物农场。

两场战役：第一场牛棚战役，琼斯率人进攻，想要夺回农场，被雪球所领导的动物们英勇击退了。第二场风车战役，弗里德利克带着同伙入侵农场，炸毁了风车，后被动物们赶走。

三架风车：风车是动物们的一个理想，能带来电力，减轻动物们的劳苦，增加生活的幸福指数，动物们全力以赴地建风车。第一架风车，建了一半，被大风刮倒了。第二架风车，尚未完工，被弗里德利克一伙炸毁了。第三架风车最后终于完成了，可惜大部分动物们的生活并没有改善，他们长期处在饥饿中。

七条戒律：来自老少校的教导，"七戒"是动物主义的核心宗旨，也是动物农场的宪法，是全体动物要永远遵守的。可惜后来接二连三地被违反了，到最后被一条奇怪的新戒律取而代之：所有的动物都是平等的，但有些动物比其他动物更平等。

### 3. 角色：圆的和扁的

小说家 E.M. 福斯特区分过两种小说人物（角色）：扁平人物和圆形人物。扁平人物是类型化的，漫画式的，每个人物几乎都能用一句话概括，不论什么时候登场，都能一眼就认出来，也很容易被记住——他们一直在那里，从不会跑掉，一出场就带出属于自己的特有的气氛。圆形人物没法用一句话概括，因为他随着生活经历的拓展而不断塑造改变着，富有弹性，有着不同的侧面。这两种小说人物各有各的特色与效果，并无优劣之分。

福斯特说得有道理，听起来也挺玄妙，具体怎么区分这两种小说人物呢？方法也简单，福斯特说："检验一个人物是否圆形的标准，是看它是否以令人信服的方式让我们感到意外。如果它从不让我们感到意外，它就是扁的。"①

按照这个标准来衡量，《动物农场》里的角色，拳击手显然是扁的，他勤勤恳恳，心无二念，口头禅保持不变。拿破仑呢？他放狗赶走雪球，让我们感到意外；他起初反对后来又下令造风车，让我们感到意外；他是"七戒"的拟定者也是违反者，让我们感到意外……拿破仑显然是圆的。那么同样是猪的老少校、雪球、尖嗓，同样是马的苜蓿、茉莉，还有本杰明、穆瑞尔等其他动物，他们分别是扁的还是圆的呢？这是值得讨论的话题。

### 4. 不足：动物说人话

《动物农场》的灵感是从哪里来的呢？奥威尔在乌克兰文版的序言里有交代，他从西班牙回国后，就想用一个故事来揭露苏联神话，要容易理解也容易翻译，但怎么写呢，一直没想好，直到某一天看到一个小男孩赶马车，那匹马一想转弯，小男孩就用鞭子抽它。这个情景触发了奥威尔的灵感，他领悟到——如果这个大型动物知道自己的力量的话，一个小男孩是无法控制它的，人类剥削动物就像富人剥削穷人一样，于是他就从动物的角度来构思，这就有了《动物农场》。

---

① ［英］E.M. 福斯特：《小说面面观》，冯涛译，上海译文出版社，2016年7月版，第72页。

整体而言，《动物农场》是一部优秀的小说，情节有吸引力，角色个性鲜明，讽刺和批判也很到位，完全达到了作家的创作意图，不但戳破了一个政治神话，也长久地提醒我们要提防统治者的种种宣传。不过，这本书有一个小小的纰漏，没法自圆其说。

第一章，老少校召开动物集会教大家唱歌，他们一连唱了五遍还不肯停歇，夜深人静，全体动物一起唱歌，音量可想而知，琼斯先生被喧闹声吵醒了，于是他朝院子里开了一枪。吵醒他的是喧闹声，他听到的应该是牛叫马嘶犬吠鸡鸣……而不是人类的语言，否则他一定会被歌声的内容吸引，不会随意开枪了。第七章，拿破仑让绵羊在温佩尔听得到的距离内议论口粮已经增加的事，温佩尔果然上当了，他向外界报道说动物农场没有粮食短缺——此处可见，绵羊所说的是人类的语言，否则温佩尔是没法听懂的。

第十章接待人类代表团，晚上和皮尔京顿碰杯之后，拿破仑也发言了，说同样感到非常高兴，猜疑和误解的时代终于过去了——可见拿破仑早已熟练掌握了人类的语言。

小说里呈现了动物们一步步地学习人类的书面文字（书写和阅读），但没有说他们是从何时开始学会人类的口头语言的。如果一开始就会说人话，那么动物们早就可以和琼斯沟通了，为什么琼斯在的时候没法听懂，温佩尔和皮尔京顿就能听懂了？这是小说中存在的一个漏洞。

《夏洛的网》同样写农场，同样涉及"动物说人话"的问题，E.B.怀特在这一点上处理得很巧妙，巧妙到你读的时候都不太会留意到，请查阅《夏洛的网》第八章《家常话》和第十四章《杜林医师》，看看 E.B. 怀特是怎么轻轻地堵上"动物说人话"这个漏洞的,看起来毫不费力,其实是举重若轻,真乃文章圣手也。

除了《夏洛的网》,接下来的阅读,还可以选择匈牙利小说家莫尔多瓦·久尔吉《会说话的猪》,中国作家王小波的散文《一只特立独行的猪》等。

### 5. 价值:本书与我

奥威尔具备一种普通人所缺乏的洞察力和想象力,他清楚地看到了,也尽其所能地说出了真相,就像《皇帝的新装》里的那个小孩子一样(《皇帝的新装》是奥威尔非常喜欢的童话故事),他用晓畅明白的语言来戳破一个政治谎言。

政治不是一个坏的词语,政治是调解与妥协的艺术,政治的失败会导致战争的爆发。奥威尔最喜欢做的事情是在乡下种花种菜,养羊养鸡,数数每天鸡下的蛋,然而他提醒我们每一个人都要关心政治,因为政治就是一个社会所呼吸的空气,做一个隐士也不得不呼吸,直面政治只是为了保护非政治的日常生活的价值。奥威尔说:"我在过去十年之中一直要做的事情就是使政治写作成为一种艺术。我的出发点总是由于我有一种倾向性,一种对社会不公的强烈意识。我坐下来写一本书的时候,我并没有对自己说,'我要生产一部艺术作品。'我所以写一本书,是因为我有一个谎言要揭露,我有一个事实要引起大家的注意,我最先关心的事就是要有一个让大家来听我说话的机会。但是,如果这不能同时也成为一次审美的活动,我是不会写一本书的，甚至不会写一篇杂志长文。"①

　　奥威尔是了不起的，"他在最恰当的时机写出了最恰当的书籍"，奥威尔也是有智慧的，他"用小孩子都懂的语言，把20世纪的历史重说一遍"②。《动物农场》值得我们一读再读，因为这本书说的不单是历史，而且有预言的性质，几十年过去了，一点都没有过时，反而有越来越多的现实情况不断地印证了书里的情节。

　　这本书提醒我们，一个国家很容易变成一个《动物农场》的，有时候只需要一小伙心狠手辣、组织严密的坏家伙就足够了，他们为所欲为、肆无忌惮，恰恰是建立在普通老百姓的善良、无知和沉默之上的。所以，身为普通人的你和我，可以保持善良，但要摆脱无知，不再沉默——这就是《动物农场》对于每一个普通读者的意义所在。

---

① ［英］乔治·奥威尔：《我为什么要写作》，董乐山译，上海译文出版社，2007年6月版，第102—103页。
② ［美］理查德·罗蒂：《偶然、反讽与团结》，徐文瑞译，商务印书馆，2003年9月版，第243、247页。

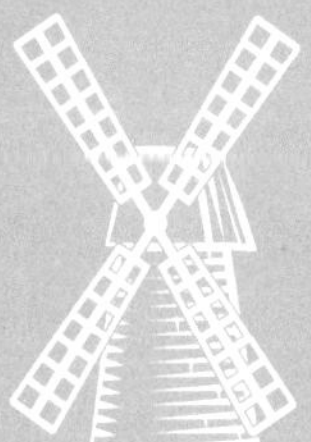